Middelhavets Delikatesser
En Kulinarisk Skatkiste fra Solens og Havets Rige

Isabella Jensen

Indeks

Kylling Fiesta salat 9
Majs og sorte bønnesalat 11
Fantastisk pastasalat 12
Tun salat 14
Sydlig kartoffelsalat 15
Syv lags salat 17
Grønkål, quinoa og avocado salat med citron dijon vinaigrette 19
Kyllingesalat 21
Cobb salat 23
Broccolisalat 25
Jordbærspinatsalat 27
Pæresalat med Roquefortost 29
Mexicansk bønnesalat 31
Melonsalat 33
Orange selleri salat 35
Brændt broccolisalat 36
Tomatsalat 38
Beet Feta salat 39
Blomkål og tomatsalat 40
Pilaf med flødeost 41
Ristet aubergine salat 43
ristede grøntsager 44
Pistacie rucola salat 46
Parmesan risotto 47

Skaldyr og avocado salat 49

Middelhavs rejesalat 51

Kikærtesalat 52

Middelhavet Frittata 54

Balsamico agurkesalat 56

Oksekød Kefta med agurkesalat 57

Kyllinge- og agurkesalat med persillepesto 59

Nem rucolasalat 61

Kikærtefetasalat 62

Græske skåle med brune og vilde ris 63

Græsk middagssalat 64

Helleflyndersalat med citron og fennikel 66

Græsk kyllingesalat med krydderurter 68

Græsk couscous salat 70

Denver Fried Omelet 72

Pølse Pan 74

Grillede marinerede rejer 76

Pølseæggryde 78

Bagte omeletfirkanter 80

Kogt æg 82

Svampe med sojasauceglasur 83

Æggekager 85

dinosaur æg 87

Paleo Mandel Banan Pandekager 91

Zucchini med æg 93

Amish morgenmadsgryde med ost 94

Salat med Roquefort ost 96

Ris med rosmarin 98

Bondebønner og ris 100

Smøragtige bondebønner 102

Freekeh 103

Stegte risboller med tomatsauce 103

ris i spansk stil 106

Zucchini med ris og tzatziki 108

Cannellini bønner med rosmarin og hvidløg Aioli 110

Ris med juveler 111

Asparges risotto 113

Quinoa Pizza Muffins 115

Rosmarin og valnøddebrød 117

Velsmagende Crabby Panini 120

Perfekt pizza og wienerbrød 122

Middelhavs Margherita-model 125

Bærbare pakkede picnicdele 127

Frittata fyldt med krydret zucchini og tomat toppings 128

Banan brød 130

Hjemmelavet pitabrød 132

Fladbrød sandwich 134

Mezze tallerken med ristet Zaatar Pitabrød 136

Mini kylling shawarma 138

Pizza i aubergine 140

Middelhavet fuldkornspizza 142

Bagt spinat og feta pita 143

Vandmelon og balsamico feta pizza 145

Blandede krydderburgere 146

5

Skinke - Salat - Tomat og avocado sandwich 148

Spinat tærte 150

Kylling feta burgere 152

Flæskesteg til Tacos 154

Italiensk æble - Olivenoliekage 156

Hurtig tilapia med rødløg og avocado 158

Fisk grillet i citroner 160

Pandestegt fiskemiddag i løbet af ugen 162

Sprøde polenta fiskepinde 164

Lakse aftensmad 166

Toscanske tun- og zucchiniburgere 168

Siciliansk grønkål og tun skål 170

Middelhavs torskegryderet 172

Dampede muslinger i hvidvinssauce 174

Appelsin og hvidløg rejer 176

Ristede rejegnocchi 178

Krydret rejer puttanesca 180

Italienske tunsandwich 182

Dild Laksesalatruller 184

White Clam Pizza 186

Fiskemåltid med bagte bønner 188

Torskegryderet med svampe 189

Krydret sværdfisk 191

Ansjos pasta dille 193

Rejer og hvidløgspasta 194

Laks i vinaigrette 196

Orange fiskemåltid 197

Rejer Zoodles 198

Asparges Ørred måltid 199

Grønkål tun oliven 201

Krydrede rejer med rosmarin 203

Lakse asparges 205

Tun salat 206

Cremet rejesuppe 208

Laks krydret med grøntsagsquinoa 210

Sennepsørred med æbler 212

Gnocchi med rejer 214

Rejer saganaki 216

Middelhavslaks 218

Kylling Fiesta salat

Forberedelsestid: 20 minutter

Madlavningstid: 20 minutter

Portioner: 4

Sværhedsgrad: Let

Ingredienser:

- 2 kyllingefilethalvdele uden skind eller ben
- 1 pakke fajita-urter, delt
- 1 skefuld vegetabilsk olie
- 1 dåse sorte bønner, vasket og drænet
- 1 æske majs i mexicansk stil
- 1/2 kop persille
- 1 pakke grøn salat
- 1 løg, finthakket
- 1 tomat i kvarte

Instruktioner:

Gnid kylling jævnt med 1/2 af fajita-urterne. Varm olien op i en stegepande over middel varme og steg kyllingen i 8 minutter ved siden af hinanden, eller indtil saften er klar; læg det til side. Kom 1/2 fajita bønner, majs, salsa og andre krydderier i en stor gryde. Opvarm over medium varme, indtil den er varm. Tilbered salaten ved at blande grønne grøntsager, løg og tomater. Top kyllingesalaten og smag til med bønne- og majsblandingen.

Ernæring (for 100g): 311 kalorier 6,4 g fedt 42,2 g kulhydrater 23 g protein 853 mg natrium

Majs og sorte bønnesalat

Forberedelsestid: 10 minutter

Madlavningstid: 0 minutter

Portioner: 4

Sværhedsgrad: Let

Ingredienser:

- 2 skeer vegetabilsk olie
- 1/4 kop balsamicoeddike
- 1/2 tsk salt
- 1/2 tsk hvidt sukker
- 1/2 tsk stødt spidskommen
- 1/2 tsk stødt sort peber
- 1/2 tsk chilipulver
- 3 spsk hakket frisk koriander
- 1 dåse sorte bønner (15 ounces)
- 1 dåse sødet majs (8,75 ounce) drænet

Instruktioner:

Kombiner balsamicoeddike, olie, salt, sukker, sort peber, spidskommen og chilipulver i en lille skål. Kombiner sorte majs og bønner i en mellemstor skål. Bland med eddike og olivenolie vinaigrette og pynt med koriander. Dæk til og stil på køl natten over.

Ernæring (for 100g):214 kalorier 8,4 g fedt 28,6 g kulhydrater 7,5 g protein 415 mg natrium

Fantastisk pastasalat

Forberedelsestid: 30 minutter

Madlavningstid: 10 minutter

Portioner: 16

Sværhedsgrad: Medium

Ingredienser:

- 1 pakke fusilli pasta (16 ounce)
- 3 kopper cherrytomater
- 1/2 pund provolone, i terninger
- 1/2 kilo pølse i tern
- 1/4 pund pepperoni, skåret i halve
- 1 stor grøn peberfrugt
- 1 dåse sorte oliven, drænet
- 1 gryde chili, drænet
- 1 flaske (8 ounce) italiensk vinaigrette

Instruktioner:

Kog letsaltet vand i en gryde. Tilsæt pastaen og kog i cirka 8 til 10 minutter eller indtil al dente. Dræn og vask med koldt vand.

Kombiner pasta med tomater, ost, salami, pepperoni, grøn peberfrugt, oliven og peberfrugt i en stor skål. Hæld vinaigretten i og bland godt.

Ernæring (for 100g): 310 kalorier 17,7 g fedt 25,9 g kulhydrater 12,9 g protein 746 mg natrium

Tun salat

Forberedelsestid: 20 minutter

Madlavningstid: 0 minutter

Portioner: 4

Sværhedsgrad: Let

Ingredienser:

- 1 (19 ounce) dåse kikærter
- 2 skeer mayonnaise
- 2 tsk krydret brun sennep
- 1 spsk sød pickle
- Salt og peber efter smag
- 2 hakkede grønne løg

Instruktioner:

Kombiner grønne bønner, mayonnaise, sennep, dressing, hakket purløg, salt og peber i en mellemstor skål. Bland godt.

Ernæring (for 100g): 220 kalorier 7,2 g fedt 32,7 g kulhydrater 7 g protein 478 mg natrium

Sydlig kartoffelsalat

Forberedelsestid: 15 minutter

Madlavningstid: 15 minutter

Portioner: 4

Sværhedsgrad: Medium

Ingredienser:

- 4 kartofler
- 4 æg
- 1/2 stilk selleri, finthakket
- 1/4 kop sød smag
- 1 fed hakket hvidløg
- 2 skeer sennep
- 1/2 kop mayonnaise
- Salt og peber efter smag

Instruktioner:

Kog vand i en gryde, tilsæt kartoflerne og kog indtil de er møre, men stadig faste, ca. 15 minutter; dræn og hak. Kom æggene over i en gryde og dæk med koldt vand.

Kog vandet; dæk, tag af varmen og lad æggene trække i varmt vand i 10 minutter. Fjern, skræl og hak derefter.

Kom kartofler, æg, selleri, sød sauce, hvidløg, sennep, mayonnaise, salt og peber i en stor skål. Bland og server varm.

Ernæring (for 100g): 460 kalorier 27,4 g fedt 44,6 g kulhydrater 11,3 g protein 214 mg natrium

Syv lags salat

Forberedelsestid: 15 minutter

Madlavningstid: 5 minutter

Portioner: 10

Sværhedsgrad: Medium

Ingredienser:

- 1 kilo bacon
- 1 hoved icebergsalat
- 1 rødløg, hakket
- 1 pakke med 10 frosne ærter, optøet
- 10 oz revet cheddarost
- 1 kop hakket blomkål
- 1 1/4 kop mayonnaise
- 2 skeer hvidt sukker
- 2/3 kop revet parmesanost

Instruktioner:

Læg baconen i en stor, lav gryde. Bag ved middel varme indtil glat. Striml og reserver. Læg den strimlede salat i en stor skål og top med et lag løg, ærter, revet ost, blomkål og bacon.

Tilbered vinaigretten ved at blande mayonnaise, sukker og parmesanost. Hæld salaten over og lad den køle af.

Ernæring (for 100g): 387 kalorier 32,7 g fedt 9,9 g kulhydrater 14,5 g protein 609 mg natrium

Grønkål, quinoa og avocado salat med citron dijon vinaigrette

Forberedelsestid: 5 minutter

Madlavningstid: 25 minutter

Portioner: 4

Sværhedsgrad: Hårdt

Ingredienser:

- 2/3 kop quinoa
- 1 1/3 kop vand
- 1 bundt grønkål, skåret i små stykker
- 1/2 avocado – skrællet, hakket og udstenet
- 1/2 kop hakket agurk
- 1/3 kop hakket rød peber
- 2 skeer hakket rødløg
- 1 ske smuldret feta

Instruktioner:

Kog quinoa og 1 1/3 dl vand i en gryde. Juster varmen og kog indtil quinoaen er mør og vandet er absorberet, cirka 15 til 20 minutter. Stil til side til afkøling.

Læg kålen i en dampkoger over en tomme kogende vand i en gryde. Luk gryden med låg og damp til den er varm, cirka 45 sekunder; overfør til en stor tallerken. Pynt med kål, quinoa, avocado, agurk, peber, rødløg og fetaost.

Kom olivenolie, citronsaft, dijonsennep, havsalt og sort peber i en skål, indtil olien er emulgeret i dressingen; hældes over salaten.

Ernæring (for 100g): 342 kalorier 20,3 g fedt 35,4 g kulhydrater 8,9 g protein 705 mg natrium

Kyllingesalat

Forberedelsestid: 20 minutter

Madlavningstid: 0 minutter

Portioner: 9

Sværhedsgrad: Let

Ingredienser:

- 1/2 kop mayonnaise
- 1/2 tsk salt
- 3/4 tsk fjerkræurt
- 1 spsk citronsaft
- 3 kopper kogt kyllingebryst i tern
- 1/4 tsk stødt sort peber
- 1/4 tsk hvidløgspulver
- 1/4 tsk løgpulver
- 1/2 kop finthakket selleri
- 1 (8-ounce) kasse vandkastanjer, drænet og hakket
- 1/2 kop hakket grønne løg
- 1 1/2 kopper grønne druer, skåret i halve
- 1 1/2 kopper schweizerost i tern

Instruktioner:

Kombiner mayonnaise, salt, kyllingekrydderi, løgpulver, hvidløgspulver, peber og citronsaft i en mellemstor skål. Kombiner kylling, selleri, grønne løg, vandkastanjer, schweizerost og rosiner i en stor skål. Rør mayonnaiseblandingen i og læg låg på. Afkøl indtil servering.

Ernæring (for 100g): 293 kalorier 19,5 g fedt 10,3 g kulhydrater 19,4 g protein 454 mg natrium

Cobb salat

Forberedelsestid: 5 minutter
Madlavningstid: 15 minutter
Portioner: 6
Sværhedsgrad: Hårdt

Ingredienser:

- 6 skiver bacon
- 3 æg
- 1 kop icebergsalat, strimlet
- 3 kopper kogt hakket kyllingekød
- 2 tomater udsået og hakket
- 3/4 kop blåskimmelost, smuldret
- 1 avocado - skrællet, udstenet og hakket
- 3 grønne løg, hakket
- 1 flaske (8 ounce) Ranch Vinaigrette

Instruktioner:

Læg æggene i en gryde og sænk dem helt ned i koldt vand. Kog vandet. Dæk til og fjern fra varmen og lad æggene sidde i varmt vand i 10 til 12 minutter. Fjern fra varmt vand, lad afkøle, skræl og hak. Læg baconen i en stor, dyb stegepande. Bag ved middel varme indtil glat. Efterlod det til side.

Fordel den strimlede salat mellem separate tallerkener. Fordel kylling, æg, tomater, blåskimmelost, bacon, avocado og grønne løg på rækker af salat. Drys med vinaigrette efter eget valg og nyd.

Ernæring (for 100g):525 kalorier 39,9 g fedt 10,2 g kulhydrater 31,7 g protein 701 mg natrium

Broccolisalat

Forberedelsestid: 10 minutter

Madlavningstid: 15 minutter

Portioner: 6

Sværhedsgrad: Medium

Ingredienser:

- 10 skiver bacon
- 1 kop frisk broccoli
- ¼ kop rødløg, hakket
- ½ kop rosiner
- 3 skeer hvidvinseddike
- 2 skeer hvidt sukker
- 1 kop mayonnaise
- 1 kop solsikkekerner

Instruktioner:

Steg baconen i en stegepande ved middel varme. Dræn, smuldr og stil til side. Kombiner broccoli, løg og rosiner i en mellemstor skål. Bland eddike, sukker og mayonnaise i en lille skål. Hæld broccoliblandingen over og bland. Afkøl i mindst to timer.

Inden servering smuldres salaten med smuldret bacon og solsikkekerner.

Ernæring (for 100g): 559 kalorier 48,1 g fedt 31 g kulhydrater 18 g protein 584 mg natrium

Jordbærspinatsalat

Forberedelsestid: 10 minutter

Madlavningstid: 0 minutter

Portioner: 4

Sværhedsgrad: Let

Ingredienser:

- 2 spsk sesamfrø
- 1 spsk valmuefrø
- 1/2 kop hvidt sukker
- 1/2 kop olivenolie
- 1/4 kop destilleret hvid eddike
- 1/4 tsk paprika
- 1/4 tsk Worcestershire sauce
- 1 skefuld finthakket løg
- 10 oz frisk spinat
- 1 liter jordbær - renset, skrællet og skåret i skiver
- 1/4 kop mandler, skrællet og skåret i skiver

Instruktioner:

Bland de samme frø, valmuefrø, sukker, olivenolie, eddike, paprika, Worcestershiresauce og løg i en mellemstor skål. Dæk til og stil på køl i en time.

I en stor skål kombineres spinat, jordbær og mandler. Dryp dressingen over salaten og vend rundt. Stil på køl 10 til 15 minutter før servering.

Ernæring (for 100g): 491 kalorier 35,2 g fedt 42,9 g kulhydrater 6 g protein 691 mg natrium

Pæresalat med Roquefortost

Forberedelsestid: 20 minutter

Madlavningstid: 10 minutter

Portioner: 2

Sværhedsgrad: Medium

Ingredienser:

- 1 salatblad, skåret i små stykker
- 3 pærer - skrællede, udkernede og skåret i tern
- 5 ounce Roquefort, smuldret
- 1 avocado – skrællet, frøet og hakket
- 1/2 kop hakket grønne løg
- 1/4 kop hvidt sukker
- 1/2 kop pekannødder
- 1/3 kop olivenolie
- 3 spsk rødvinseddike
- 1 1/2 tsk hvidt sukker
- 1 1/2 tsk tilberedt sennep
- 1/2 tsk saltet sort peber
- 1 fed hvidløg

Instruktioner:

Bland 1/4 kop sukker med nødderne i en gryde ved middel varme. Fortsæt med at røre forsigtigt, indtil sukkeret karamelliserer med nødderne. Overfør forsigtigt nødderne til bagepapiret. Lad afkøle og brække i stykker.

Bland olivenolie til vinaigrette, marinade, 1 1/2 tsk sukker, sennep, hakket hvidløg, salt og peber.

I en dyb skål kombineres salat, pærer, blåskimmelost, avocado og grønne løg. Hæld vinaigretten over salaten, drys med valnødder og server.

Ernæring (for 100g): 426 kalorier 31,6 g fedt 33,1 g kulhydrater 8 g protein 481 mg natrium

Mexicansk bønnesalat

Forberedelsestid: 15 minutter

Madlavningstid: 0 minutter

Portioner: 6

Sværhedsgrad: Let

Ingredienser:

- 1 dåse sorte bønner (15 ounces), drænet
- 1 dåse røde bønner (15 ounce), drænet
- 1 dåse hvide bønner (15 ounce), drænet
- 1 grøn peberfrugt, finthakket
- 1 rød peberfrugt, hakket
- 1 pakke frosne majskerner
- 1 rødløg, hakket
- 2 spsk frisk citronsaft
- 1/2 kop olivenolie
- 1/2 kop rødvinseddike
- 1 spsk citronsaft
- 1 skefuld salt
- 2 skeer hvidt sukker
- 1 fed presset hvidløg
- 1/4 kop hakket koriander
- 1/2 spsk stødt spidskommen
- 1/2 spsk stødt sort peber
- 1 knivspids pebersauce

- 1/2 tsk chilipulver

Instruktioner:

Kombiner bønner, peberfrugt, frosne majs og rødløg i en stor skål. Kom olivenolie, citronsaft, rødvinseddike, citronsaft, sukker, salt, hvidløg, koriander, spidskommen og sort peber i en lille skål – smag til med hot sauce og chilipulver.

Hæld vinaigretten med olivenolie over grøntsagerne; bland godt. Afkøl godt og server koldt.

Ernæring (for 100g): 334 kalorier 14,8 g fedt 41,7 g kulhydrater 11,2 g protein 581 mg natrium

Melonsalat

Forberedelsestid: 20 minutter
Madlavningstid: 0 minutter
Portioner: 6
Sværhedsgrad: Medium

Ingredienser:

- ¼ tsk havsalt
- ¼ tsk sort peber
- 1 skefuld balsamicoeddike
- 1 melon, delt i kvarte og frøet
- 12 vandmeloner, små og uden kerner
- 2 kopper mozzarellakugler, friske
- 1/3 kop basilikum, frisk og revet
- 2 spsk. olie

Instruktioner:

Skrab melonkuglerne og læg dem i et dørslag over en serveringsskål. Brug din melonballer til også at skære vandmelonen og læg dem derefter sammen med melonen.

Lad frugten dryppe af i ti minutter, og stil derefter saften på køl til en anden opskrift. Det kan endda tilføjes til smoothies. Tør skålen og læg frugten i den.

Tilsæt basilikum, olivenolie, eddike, mozzarella og tomater, inden du smager til med salt og peber. Bland forsigtigt og server straks eller afkølet.

Ernæring (for 100g): 218 kalorier 13 g fedt 9 g kulhydrater 10 g protein 581 mg natrium

Orange selleri salat

Forberedelsestid: 15 minutter

Madlavningstid: 0 minutter

Portioner: 6

Sværhedsgrad: Let

Ingredienser:

- 1 spsk citronsaft, frisk
- ¼ tsk havsalt, fint
- ¼ tsk sort peber
- 1 spsk olivenlage
- 1 skefuld olivenolie
- ¼ kop rødløg, skåret i skiver
- ½ kop grønne oliven
- 2 appelsiner, skrællet og skåret i skiver
- 3 selleristængler, skåret diagonalt i ½-tommers skiver

Instruktioner:

Læg appelsiner, oliven, løg og selleri i en lav skål. Bland i en anden skål olie, olivenlage og citronsaft, hæld over salaten. Smag til med salt og peber inden servering.

Ernæring (for 100g): 65 kalorier 7g Fedt 9g Kulhydrater 2g Protein 614mg Natrium

Brændt broccolisalat

Forberedelsestid: 20 minutter

Madlavningstid: 10 minutter

Portioner: 4

Sværhedsgrad: Hårdt

Ingredienser:

- 1 pund broccoli, skåret i buketter og stilk i skiver
- 3 spsk olivenolie, delt
- 1 liter cherrytomater
- 1 ½ tsk honning, rå og delt
- 3 kopper brød i tern, fuldkorn
- 1 skefuld balsamicoeddike
- ½ tsk sort peber
- ¼ tsk havsalt, fint
- revet parmesan til servering

Instruktioner:

Forbered ovnen til 450 grader, og tag derefter en bageplade med kant. Sæt i ovnen for at varme op. Dryp broccolien med en spiseskefuld olie og bland.

Tag bagepladen ud af ovnen og læg broccolien på den. Lad olien stå i bunden af skålen, tilsæt tomaterne, bland godt og bland derefter tomaterne med en spiseskefuld honning. Hæld dem i samme gryde som broccolien.

Bages i femten minutter og rør rundt halvvejs gennem tilberedningstiden. Tilsæt brødet og bag i yderligere tre minutter. Pisk to spiseskefulde olivenolie, eddike og resterende honning. Smag til med salt og peber. Hæld broccoliblandingen over til servering.

Ernæring (for 100g): 226 Kalorier 12g Fedt 26g Kulhydrater 7g Protein 581mg Natrium

Tomatsalat

Forberedelsestid: 20 minutter

Madlavningstid: 0 minutter

Portioner: 4

Sværhedsgrad: Let

Ingredienser:

- 1 agurk, skåret i skiver
- ¼ kop soltørrede tomater, hakkede
- 1 pund tomater i tern
- ½ kop sorte oliven
- 1 rødløg, skåret i skiver
- 1 skefuld balsamicoeddike
- ¼ kop persille, frisk og hakket
- 2 skeer olivenolie
- havsalt og sort peber efter smag

Instruktioner:

Tag en skål og bland alle dine grøntsager sammen. For at lave saucen blandes alle krydderier, olie og eddike. Bland med din salat og server frisk.

Ernæring (for 100g): 126 kalorier 9,2 g fedt 11,5 g kulhydrater 2,1 g protein 681 mg natrium

Beet Feta salat

Forberedelsestid: 15 minutter

Madlavningstid: 0 minutter

Portioner: 4

Sværhedsgrad: Let

Ingredienser:

- 6 rødbeder, kogte og skrællede
- 3 ounces fetaost, i tern
- 2 skeer olivenolie
- 2 skeer balsamicoeddike

Instruktioner:

Bland det hele og server med det samme.

Ernæring (for 100g): 230 kalorier 12 g fedt 26,3 g kulhydrater 7,3 g protein 614 mg natrium

Blomkål og tomatsalat

Forberedelsestid: 15 minutter

Madlavningstid: 0 minutter

Portioner: 4

Sværhedsgrad: Let

Ingredienser:

- 1 blomkålshoved, hakket
- 2 spsk persille, frisk og hakket
- 2 kopper cherrytomater, skåret i halve
- 2 spsk citronsaft, frisk
- 2 skeer pinjekerner
- havsalt og sort peber efter smag

Instruktioner:

Bland citronsaft, cherrytomater, blomkål og persille og smag til. Top med pinjekerner og bland godt inden servering.

Ernæring (for 100g): 64 kalorier 3,3 g fedt 7,9 g kulhydrater 2,8 g protein 614 mg natrium

Pilaf med flødeost

Forberedelsestid: 20 minutter

Madlavningstid: 10 minutter

Portioner: 6

Sværhedsgrad: Medium

Ingredienser:

- 2 kopper langkornet gule ris, parboiled
- 1 kop løg
- 4 grønne løg
- 3 skeer smør
- 3 spiseskefulde grøntsagsbouillon
- 2 tsk cayennepeber
- 1 tsk paprika
- ½ tsk nelliker, hakket
- 2 spsk friske, hakkede mynteblade
- 1 bundt friske mynteblade til pynt
- 1 skefuld olivenolie
- havsalt og sort peber efter smag
- Flødeost:
- 3 skeer olivenolie
- havsalt og sort peber efter smag
- 9 ounce flødeost

Instruktioner:

Forbered ovnen til 360 grader, og fjern derefter en pande. Varm smør og olivenolie sammen og steg løg og forårsløg i to minutter.

Tilsæt salt, peber, paprika, nelliker, grøntsagsbouillon, ris og de resterende krydderier. Sauter i tre minutter. Pak med aluminiumsfolie og bag i yderligere en halv time. Lad afkøle.

Bland flødeost, ost, olivenolie, salt og peber. Server pilafen pyntet med friske mynteblade.

Ernæring (for 100g): 364 kalorier 30 g fedt 20 g kulhydrater 5 g protein 511 mg natrium

Ristet aubergine salat

Forberedelsestid: 10 minutter

Madlavningstid: 20 minutter

Portioner: 6

Sværhedsgrad: Let

Ingredienser:

- 1 rødløg, skåret i skiver
- 2 spsk persille, frisk og hakket
- 1 tsk timian
- 2 kopper cherrytomater, skåret i halve
- havsalt og sort peber efter smag
- 1 tsk oregano
- 3 skeer olivenolie
- 1 tsk basilikum
- 3 auberginer, skrællet og skåret i tern

Instruktioner:

Start med at varme ovnen op til 350. Smag auberginen til med basilikum, salt, peber, oregano, timian og olivenolie. Læg på en bageplade og bag i en halv time. Bland med de resterende ingredienser inden servering.

Ernæring (for 100g): 148 kalorier 7,7 g fedt 20,5 g kulhydrater 3,5 g protein 660 mg natrium

ristede grøntsager

Forberedelsestid: 5 minutter

Madlavningstid: 15 minutter

Portioner: 12

Sværhedsgrad: Let

Ingredienser:

- 6 fed hvidløg
- 6 skeer olivenolie
- 1 fennikelløg, skåret i tern
- 1 zucchini, i tern
- 2 røde peberfrugter, hakket
- 6 store kartofler, skåret i tern
- 2 teskefulde havsalt
- ½ kop balsamicoeddike
- ¼ kop rosmarin, hakket og frisk
- 2 teskefulde grøntsagsbouillonpulver

Instruktioner:

Start med at varme ovnen op til 400. Læg kartofler, fennikel, zucchini, hvidløg og fennikel på en bageplade, dryp med olivenolie. Drys med salt, bouillon og rosmarin. Bland godt og bag ved 450 grader i tredive til fyrre minutter. Bland eddiken i grøntsagerne inden servering.

Ernæring (for 100g): 675 kalorier 21g Fedt 112g Kulhydrater 13g Protein 718mg Natrium

Pistacie rucola salat

Forberedelsestid: 20 minutter

Madlavningstid: 0 minutter

Portioner: 6

Sværhedsgrad: Let

Ingredienser:

- 6 kopper grønkål, hakket
- ¼ kop olivenolie
- 2 spsk citronsaft, frisk
- ½ tsk røget paprika
- 2 kopper rucola
- 1/3 kop pistacienødder, usaltede og afskallede
- 6 spsk revet parmesanost

Instruktioner:

Tag en salatskål og bland olie, citron, røget paprika og grønkål. Masser forsigtigt bladene i et halvt minut. Din grønkål skal være godt belagt. Vend forsigtigt rucola og pistacienødder, når de er klar til servering.

Ernæring (for 100g): 150 kalorier 12 g fedt 8 g kulhydrater 5 g protein 637 mg natrium

Parmesan risotto

Forberedelsestid: 10 minutter

Madlavningstid: 20 minutter

Portioner: 6

Sværhedsgrad: Hårdt

Ingredienser:

- 1 kop gult løg, hakket
- 1 skefuld olivenolie
- 4 kopper grøntsagsbouillon, lavt natriumindhold
- 2 kopper byg, rå
- ½ kop tør hvidvin
- 1 kop fintrevet og delt parmesanost
- havsalt og sort peber efter smag
- frisk purløg, hakket til servering
- citronskiver til servering

Instruktioner:

Kom bouillonen i en gryde og bring det i kog ved middelhøj varme. Tag en pande og stil den på medium-høj varme også. Varm olien op inden du tilsætter løget. Kog i otte minutter og rør af og til. Tilsæt byggen og kog i yderligere to minutter. Rør byggen i, kog indtil den er ristet.

Hæld vinen i, kog i endnu et minut. Det meste af væsken skulle være fordampet, før du tilføjer en kop varm bouillon. Kog og rør i to minutter. Din væske skal absorberes. Tilsæt resterende bouillon ved koppen og kog indtil hver kop er absorberet. Det bør tage omkring to minutter hver gang.

Fjern fra varmen, tilsæt en halv kop ost, og top med resterende ost, grønne løg og citronbåde.

Ernæring (for 100g): 345 kalorier 7 g fedt 56 g kulhydrater 14 g protein 912 mg natrium

Skaldyr og avocado salat

Forberedelsestid: 10 minutter

Madlavningstid: 0 minutter

Portioner: 4

Sværhedsgrad: Let

Ingredienser:

- 2 lbs. laks, kogt og hakket
- 2 lbs. rejer, kogte og hakkede
- 1 kop avocado, hakket
- 1 kop mayonnaise
- 4 spsk citronsaft, frisk
- 2 fed hvidløg
- 1 kop fløde
- havsalt og sort peber efter smag
- ½ rødløg, hakket
- 1 kop agurk, hakket

Instruktioner:

Start med at tage en skål og bland hvidløg, salt, peber, løg, mayonnaise, fløde og citronsaft,

Tag en anden skål og bland laks, rejer, agurk og avocado.

Tilsæt mayonnaiseblandingen til rejerne og lad den hvile i tyve minutter i køleskabet inden servering.

Ernæring (for 100g): 394 kalorier 30 g fedt 3 g kulhydrater 27 g protein 815 mg natrium

Middelhavs rejesalat

Forberedelsestid: 40 minutter

Madlavningstid: 0 minutter

Portioner: 6

Sværhedsgrad: Let

Ingredienser:

- 1 ½ lbs. rejer, renset og kogt
- 2 selleristængler, friske
- 1 løg
- 2 grønne løg
- 4 æg, kogt
- 3 kogte kartofler
- 3 skeer mayonnaise
- havsalt og sort peber efter smag

Instruktioner:

Start med at skære kartoflerne og hak sellerien. Skær æggene og krydr. Bland alt sammen. Læg rejerne over æggene og server med løg og purløg.

Ernæring (for 100g): 207 kalorier 6 g fedt 15 g kulhydrater 17 g protein 664 mg natrium

Kikærtesalat

Forberedelsestid: 10 minutter

Madlavningstid: 15 minutter

Portioner: 6

Sværhedsgrad: Medium

Ingredienser:

- 2 skeer olivenolie
- 16 ounce rotelle pasta
- ½ kop saltede oliven, hakket
- 2 spsk oregano, frisk og hakket
- 2 spsk persille, frisk og hakket
- 1 bundt grønne løg, hakket
- ¼ kop rødvinseddike
- 15 ounce dåse kikærter, drænet og skyllet
- ½ kop revet parmesanost
- havsalt og sort peber efter smag

Instruktioner:

Kog vandet op og tilsæt pastaen til al dente og følg anvisningen på pakken. Dræn og vask med koldt vand.

Tag en stegepande og varm olien op ved middel varme. Tilsæt purløg, kikærter, persille, oregano og oliven. Reducer varmen og sauter i yderligere tyve minutter. Lad denne blanding afkøle.

Bland kikærteblandingen med pastaen og tilsæt revet ost, salt, peber og eddike. Lad afkøle i fire timer eller natten over før servering.

Ernæring (for 100g): 424 kalorier 10 g fedt 69 g kulhydrater 16 g protein 714 mg natrium

Middelhavet Frittata

Forberedelsestid: 10 minutter

Madlavningstid: 30 minutter

Portioner: 4

Sværhedsgrad: Medium

Ingredienser:

- 2 zucchini
- 1 løg
- ¼ tsk havsalt
- 2 fed hvidløg
- 3 tsk olivenolie, delt
- 1 pund kyllingebryst, udbenet
- 1 kop hurtigkogt byg
- 2 kopper vand
- ¼ tsk sort peber
- 1 tsk oregano
- ¼ tsk rød peberflager
- ½ tsk basilikum
- 2 blommetomater
- ½ kop udstenede græske oliven
- 1 spsk persille, frisk

Instruktioner:

Start med at fjerne skindet fra kyllingen og skær den i mindre stykker. Hak hvidløg og persille, og hak derefter oliven, zucchini, tomat og løg. Tag en pande og bring vandet i kog. Rør byggen i, og lad det koge i otte til ti minutter.

Sluk for ilden. Lad det hvile i fem minutter. Tag en stegepande og tilsæt to teskefulde olivenolie. Steg kyllingen, når den er varm, og tag den af varmen. Kog løget i den resterende olie. Rør de resterende ingredienser i og kog i yderligere tre til fem minutter. Server den varm.

Ernæring (for 100g): 337 Kalorier 8,6 g Fedt 32,3 g Kulhydrater 31,7 g Protein 517 mg Natrium

Balsamico agurkesalat

Forberedelsestid: 15 minutter

Madlavningstid: 0 minutter

Portioner: 4

Sværhedsgrad: Let

Ingredienser:

- 2/3 stor engelsk agurk, halveret og skåret i skiver
- 2/3 mellemstor rødløg, halveret og skåret i tynde skiver
- 5 1/2 spsk balsamico vinaigrette
- 1 1/3 dl vindruetomater, halveret
- 1/2 kop smuldret fedtfattig fetaost

Instruktioner:

I en stor skål kombineres agurk, tomat og løg. Tilsæt vinaigretten; kaste til belægning. Stil på køl, tildækket, indtil servering. Lige inden servering røres osten i. Server med en hul teske.

Ernæring (for 100g): 250 kalorier 12 g fedt 15 g kulhydrater 34 g protein 633 mg natrium

Oksekød Kefta med agurkesalat

Forberedelsestid: 10 minutter

Madlavningstid: 15 minutter

Portioner: 2

Sværhedsgrad: Hårdt

Ingredienser:

- madlavningsspray
- 1/2 pund stødt mørbrad
- 2 spsk plus 2 spsk hakket frisk persille, delt
- 1 1/2 tsk hakket skrællet frisk ingefær
- 1 tsk stødt koriander
- 2 spsk hakket frisk koriander
- 1/4 tsk salt
- 1/2 tsk stødt spidskommen
- 1/4 tsk kanelpulver
- 1 kop engelske agurker i tynde skiver
- 1 spsk riseddike
- 1/4 kop fedtfri græsk yoghurt
- 1 1/2 tsk frisk citronsaft
- 1/4 tsk friskkværnet sort peber
- 1 (6-tommer) pita, i kvarte

Instruktioner:

Varm en grillpande op over medium-høj varme. Beklæd bagepladen med madlavningsspray. Kombiner oksekød, 1/4 kop persille, koriander og de næste 5 elementer i en mellemstor skål. Del kombinationen i 4 lige store portioner, form hver til en 1/2-tommers tyk patty. Tilføj patties til panden; kog begge sider til den ønskede grad af færdighed.

Bland agurk og eddike i en mellemstor skål; leg godt. Kombiner fedtfri yoghurt, resterende 2 spsk persille, juice og peber i en lille skål; rør rundt med et piskeris. Sæt 1 burger og 1/2 kop agurkeblanding i hver af 4 serveringsfade. Top hvert tilbud med omkring 2 spiseskefulde yoghurtkrydderi. Server hver med 2 skiver pita.

Ernæring (for 100g): 116 kalorier 5 g fedt 11 g kulhydrater 28 g protein 642 mg natrium

Kyllinge- og agurkesalat med persillepesto

Forberedelsestid: 15 minutter

Madlavningstid: 5 minutter

Portioner: 8

Sværhedsgrad: Let

Ingredienser:

- 2 2/3 kopper pakket frisk persilleblade
- 1 1/3 dl frisk spinat
- 1 1/2 spsk ristede pinjekerner
- 1 1/2 spsk revet parmesanost
- 2 1/2 spsk frisk citronsaft
- 1 1/3 tsk kosher salt
- 1/3 tsk sort peber
- 1 1/3 mellemstore fed hvidløg, knust
- 2/3 kop ekstra jomfru olivenolie
- 5 1/3 kopper strimlet stegt kylling (fra 1 kylling)
- 2 2/3 kopper kogt afskallet edamame
- 1 1/2 dåse 1 (15-ounce) usaltede kikærter, drænet og skyllet
- 1 1/3 kopper hakkede engelske agurker
- 5 1/3 kopper løst pakket rucola

Instruktioner:

Kombiner persille, spinat, citronsaft, pinjekerner, ost, hvidløg, salt og peber i en foodprocessor; behandle ca. 1 minut. Mens processoren kører, tilsæt olie; proces indtil glat, ca. 1 minut.

Bland kylling, edamame, kikærter og agurk i en stor skål. Tilsæt pestoen; spille for at matche.

Placer 2/3 kop rucola i hver af 6 skåle; top hver med 1 kop kyllingesalatblanding. Server straks.

Ernæring (for 100g): 116 kalorier 12g fedt 3g kulhydrater 9g protein 663mg natrium

Nem rucolasalat

Forberedelsestid: 15 minutter

Madlavningstid: 0 minutter

Portioner: 6

Sværhedsgrad: Let

Ingredienser:

- 6 kopper unge rucolablade, vasket og tørret
- 1 1/2 dl cherrytomater, halveret
- 6 spiseskefulde pinjekerner
- 3 spsk vindruekerneolie eller olivenolie
- 1 1/2 spsk riseddike
- 3/8 tsk friskkværnet sort peber efter smag
- 6 spiseskefulde revet parmesanost
- 3/4 tsk salt efter smag
- 1 1/2 stor avocado - skrællet, udstenet og skåret i skiver

Instruktioner:

I et stort plastfad med låg tilsættes rucola, cherrytomater, pinjekerner, olivenolie, eddike og parmesanost. Smag til med salt og peber efter smag. Dæk til og drej for at blande.

Skil salaten på porcelæn og top med avocadoskiver.

Ernæring (for 100g): 120 kalorier 12 g fedt 14 g kulhydrater 25 g protein 736 mg natrium

Kikærtefetasalat

Forberedelsestid: 10 minutter

Madlavningstid: 0 minutter

Portioner: 6

Sværhedsgrad: Let

Ingredienser:

- 1 1/2 dåse (15 ounce) kikærter
- 1 1/2 dåser (2-1/4 ounce) skåret modne oliven, drænet
- 1 1/2 mellemstor tomat
- 6 spsk rødløg i tynde skiver
- 2 1/4 kopper 1-1/2 engelske agurker, groft hakket
- 6 spsk hakket frisk persille
- 4 1/2 spsk olivenolie
- 3/8 tsk salt
- 1 1/2 spsk citronsaft
- 3/16 tsk peber
- 7 1/2 kopper blandet grønt
- 3/4 kop smuldret fetaost

Instruktioner:

Overfør alle ingredienser til en stor skål; spille for at matche. Tilsæt parmesanosten.

Ernæring (for 100g): 140 kalorier 16 g fedt 10 g kulhydrater 24 g protein 817 mg natrium

Græske skåle med brune og vilde ris

Forberedelsestid: 15 minutter

Madlavningstid: 5 minutter

Portioner: 4

Sværhedsgrad: Let

Ingredienser:

- 2 pakker (8-1/2 ounce) klar til servering af brune og vilde risblandinger
- 1 mellemmoden avocado, skrællet og skåret i skiver
- 1 1/2 dl cherrytomater, halveret
- 1/2 kop græsk vinaigrette, delt
- 1/2 kop smuldret fetaost
- 1/2 kop græske oliven uden sten, skåret i skiver
- hakket frisk persille, valgfrit

Instruktioner:

Bland kornblandingen og 2 spsk vinaigrette i et mikroovnssikkert fad. Dæk til og kog over høj varme, indtil det er opvarmet, cirka 2 minutter. Fordel mellem 2 skåle. Bedst med avocado, tomater, grøntsager, ost, oliven, sovsrester og eventuelt persille.

Ernæring (for 100g): 116 kalorier 10 g fedt 9 g kulhydrater 26 g protein 607 mg natrium

Græsk middagssalat

Forberedelsestid: 10 minutter

Madlavningstid: 0 minutter

Portioner: 4

Sværhedsgrad: Let

Ingredienser:

- 2 1/2 spsk grofthakket frisk persille
- 2 spsk grofthakket frisk dild
- 2 tsk frisk citronsaft
- 2/3 tsk tørret oregano
- 2 tsk ekstra jomfru olivenolie
- 4 kopper strimlet romainesalat
- 2/3 kop tyndt skåret rødløg
- 1/2 kop smuldret fetaost
- 2 kopper hakkede tomater
- 2 teskefulde kapers
- 2/3 agurk, skrællet, delt i kvarte på langs og skåret i tynde skiver
- 2/3 (19 ounce) dåse kikærter, drænet og skyllet
- 4 (6-tommer) fuldkornspitaer, hver skåret i 8 skiver

Instruktioner:

Kombiner de første 5 stoffer i et stort fad; rør rundt med et piskeris. Tilføj et medlem af salatfamilien og de næste 6 ingredienser (salat med kikærter); leg godt. Server med pita skiver.

Ernæring (for 100g): 103 kalorier 12g fedt 8g kulhydrater 36g protein 813mg natrium

Helleflyndersalat med citron og fennikel

Forberedelsestid: 15 minutter

Madlavningstid: 5 minutter

Portioner: 2

Sværhedsgrad: Medium

Ingredienser:

- 1/2 tsk stødt koriander
- 1/4 tsk salt
- 1/8 tsk friskkværnet sort peber
- 2 1/2 tsk ekstra jomfru olivenolie, delt
- 1/4 tsk stødt spidskommen
- 1 fed hvidløg, hakket
- 2 (6-ounce) helleflynderfileter
- 1 kop fennikel pære
- 2 spsk rødløg, skåret lodret i tynde skiver
- 1 spsk frisk citronsaft
- 1 1/2 tsk hakket persille
- 1/2 tsk friske timianblade

Instruktioner:

Kom de første 4 stoffer i et lille fad. Kombiner 1/2 tsk krydderiblanding, 2 tsk olie og hvidløg i en lille skål; Gnid hvidløgsblandingen jævnt over fisken. Opvarm 1 tsk olie i en stor nonstick-gryde over medium-høj varme. Tilføj fisk til panden; steg 5 minutter på hver side eller indtil den ønskede grad af færdighed.

Kombiner de resterende 3/4 tsk krydderiblanding, de resterende 2 tsk olie, fennikelløg og de resterende stoffer i en mellemstor skål, og vend godt til belægning. Giv skaldyrssalat.

Ernæring (for 100g): 110 kalorier 9 g fedt 11 g kulhydrater 29 g protein 558 mg natrium

Græsk kyllingesalat med krydderurter

Forberedelsestid: 10 minutter

Madlavningstid: 10 minutter

Portioner: 2

Sværhedsgrad: Medium

Ingredienser:

- 1/2 tsk tørret oregano
- 1/4 tsk hvidløgspulver
- 3/8 tsk sort peber, delt
- madlavningsspray
- 1/2 pund skindfri, udbenet kyllingebryst, skåret i 1-tommers terninger
- 1/4 tsk salt, delt
- 1/2 kop fedtfri naturlig yoghurt
- 1 tsk tahini (sesampasta)
- 2 1/2 tsk. frisk citronsaft
- 1/2 tsk hakket hvidløg på flaske
- 4 kopper hakket romainesalat
- 1/2 kop hakkede og skrællede engelske agurker
- 1/2 kop druetomater, skåret i halve
- 3 udstenede kalamata-oliven, halveret
- 2 spsk smuldret fetaost

Instruktioner:

Kombiner oregano, naturligt hvidløgspulver, 1/2 tsk peber og 1/4 tsk salt i en skål. Varm en slip-let stegepande op over medium-høj varme. Overtræk panden med madlavningsspray. Tilføj fjerkræ og krydderi kombination; sauter indtil fuglene er færdige. Dryp med 1 tsk juice; at blande. Fjern fra panden.

Kombiner de resterende 2 tsk juice, resterende 1/4 tsk natrium, resterende 1/4 tsk peber, yoghurt, tahin og hvidløg i en lille skål; bland godt. Kombiner medlem af salatfamilien, agurker, tomater og oliven. Placer 2 1/2 kopper salatblanding på hver af 4 tallerkener. Top hver servering med 1/2 kop kyllingekombination og 1 tsk ost. Dryp hver portion med 3 spiseskefulde yoghurtblanding

Ernæring (for 100g): 116 kalorier 11 g fedt 15 g kulhydrater 28 g protein 634 mg natrium

Græsk couscous salat

Forberedelsestid: 10 minutter

Madlavningstid: 15 minutter

Portioner: 10

Sværhedsgrad: Let

Ingredienser:

- 1 dåse (14-1/2 ounce) kyllingebouillon med reduceret natriumindhold
- 1 1/2 kopper 1-3/4 kopper rå fuldkorns couscous (ca. 11 ounces)
- Have på:
- 6 1/2 spsk olivenolie
- 1 1/4 tsk 1-1/2 revet citronskal
- 3 1/2 spsk citronsaft
- 13/16 tsk adobo krydderi
- 3/16 tsk salt
- Salat:
- 1 2/3 kopper vindruetomater, halveret
- 5/6 engelsk agurk, halveret på langs og skåret i skiver
- 3/4 kop grofthakket frisk persille
- 1 dåse (6-1/2 ounce) skåret modne oliven, drænet
- 6 1/2 spsk smuldret fetaost
- 3 1/3 grønne løg, hakket

Instruktioner:

I en stor gryde bringes bouillonen i kog. Bland couscousen. Fjern fra varmen; lad det hvile, tildækket, indtil bouillonen er absorberet, cirka 5 minutter. Overfør til en stor tallerken; afkøles helt.

Pisk dressing stoffer. Tilsæt agurk, tomater, persille, oliven og purløg til couscousen; røres i sauce. Bland forsigtigt osten i. Server straks eller stil på køl og server afkølet.

Ernæring (for 100g): 114 kalorier 13 g fedt 18 g kulhydrater 27 g protein 811 mg natrium

Denver Fried Omelet

Forberedelsestid: 10 minutter

Madlavningstid: 30 minutter

Portioner: 4

Sværhedsgrad: Medium

Ingredienser:

- 2 skeer smør
- 1/2 løg, hakket oksekød
- 1/2 grøn peber, finthakket
- 1 kop hakket kogt skinke
- 8 æg
- 1/4 kop mælk
- 1/2 kop revet cheddarost og kværnet sort peber efter smag

Instruktioner:

Forvarm ovnen til 200 grader C (400 grader F). Smør en 10-tommer rund bradepande.

Smelt smørret ved middel varme; kog og rør løg og peber, indtil det er blødt, cirka 5 minutter. Tilsæt skinken og fortsæt med at koge, indtil alt er varmt, 5 minutter.

Pisk æg og mælk i en stor skål. Tilsæt blandingen af cheddarost og skinke; Smag til med salt og sort peber. Hæld blandingen i en ovnfast fad. Bages i ovnen, cirka 25 minutter. Serveres varm.

Ernæring (for 100g): 345 kalorier 26,8 g fedt 3,6 g kulhydrater 22,4 g protein 712 mg natrium

Pølse Pan

Forberedelsestid: 25 minutter

Madlavningstid: 60 minutter

Portioner: 12

Sværhedsgrad: Medium

Ingredienser:

- 1 pund salvie morgenmadspølse,
- 3 kopper revne kartofler, drænet og saftet
- 1/4 kop smeltet smør,
- 12 ounces revet blød cheddarost
- 1/2 kop løg, revet
- 1 (16-ounce) lille beholder med hytteost
- 6 kæmpe æg

Instruktioner:

Indstil ovnen til 350 ° F. Smør let en 9x13-tommer firkantet bradepande.

Læg pølsen i en stor stegepande. Bag ved middel varme indtil glat. Dræn, smuldr og stil til side.

Bland de revne kartofler og smør i den tilberedte ovnfast fad. Dæk bunden og siderne af gryden med blandingen. Bland pølse, cheddar, løg, flødeost og æg i en skål. Hæld kartoffelblandingen over. Lad det bage.

Lad afkøle i 5 minutter før servering.

Ernæring (for 100g): 355 Kalorier 26,3g Fedt 7,9g Kulhydrater 21,6g Protein 755mg Natrium.

Grillede marinerede rejer

Forberedelsestid: 30 minutter

Madlavningstid: 60 minutter

Portioner: 6

Sværhedsgrad: Let

Ingredienser:

- 1 kop olivenolie,
- 1/4 kop hakket frisk persille
- 1 citron, juicet,
- 3 fed hvidløg, finthakket
- 1 spsk tomatpuré
- 2 teskefulde tørret oregano,
- 1 tsk salt
- 2 spsk pebersauce
- 1 tsk kværnet sort peber,
- 2 kilo rejer, pillet og haler fjernet

Instruktioner:

Kom olivenolie, persille, citronsaft, varm sauce, hvidløg, tomatpuré, oregano, salt og sort peber i en skål. Sæt en lille mængde til side til senere binding. Fyld den store, forseglelige plastikpose med marinade og rejer. Luk og lad afkøle i 2 timer.

Forvarm grillen til medium varme. Træk rejerne på spyddene, prik én gang i halen og én gang i hovedet. Kassér marinaden.

Smør grillen let. Kog rejerne i 5 minutter på hver side eller indtil de er uigennemsigtige, og drys ofte med den reserverede marinade.

Ernæring (for 100g): 447 kalorier 37,5 g fedt 3,7 g kulhydrater 25,3 g protein 800 mg natrium

Pølseæggryde

Forberedelsestid: 20 minutter

Madlavningstid: 1 time og 10 minutter

Portioner: 12

Sværhedsgrad: Medium

Ingredienser:

- 3/4-pund finthakket svinepølse
- 1 skefuld smør
- 4 grønne løg, hakket kød
- 1/2 kilo friske svampe
- 10 sammenpisket æg
- 1 beholder (16 gram) fedtfattig hytteost
- 1 pund Monterey Jack ost, revet
- 2 dåser grøn peberfrugt i tern, afdryppet
- 1 kop mel, 1 tsk bagepulver
- 1/2 tsk salt
- 1/3 kop smeltet smør

Instruktioner:

Læg pølsen i en dyb stegepande. Bag ved middel varme indtil glat. Dræn og reserver. Smelt smørret i en gryde, kog og rør purløg og champignon, indtil det er blødt.

Kombiner æg, hytteost, Monterey Jack ost og peberfrugt i en stor skål. Tilsæt pølser, grønne løg og svampe. Dæk til og læg natten i køleskabet.

Indstil ovnen til 175°C (350°F). Smør en let 9x13-tommers bageform.

Sigt mel, bagepulver og salt i en skål. Rør det smeltede smør i. Vend melblandingen i æggeblandingen. Hæld i forberedt gryde. Bages indtil let brunet. Lad den hvile i 10 minutter inden servering.

Ernæring (for 100g): 408 kalorier 28,7 g fedt 12,4 g kulhydrater 25,2 g protein 1095 mg natrium

Bagte omeletfirkanter

Forberedelsestid: 15 minutter

Madlavningstid: 30 minutter

Portioner: 8

Sværhedsgrad: Let

Ingredienser:

- 1/4 kop smør
- 1 lille løg, hakket kød
- 1 1/2 kopper revet cheddarost
- 1 dåse champignon i skiver
- 1 dåse kogt skinke med sorte oliven (valgfrit)
- skåret jalapeño peberfrugt (valgfrit)
- 12 æg, røræg
- 1/2 kop mælk
- Salt og peber efter smag

Instruktioner:

Forbered ovnen til 205°C (400°F). Smør en 9 x 13 tommer bradepande.

Steg smørret i en stegepande ved middel varme og svits løget til det er færdigt.

Læg cheddarosten i bunden af den tilberedte bradepande. Læg et lag med svampe, oliven, stegte løg, skinke og jalapenopeber. Bland æg i en skål med mælk, salt og peber. Hæld æggeblandingen over ingredienserne, men bland ikke.

Bag i den udækkede, forvarmede ovn, indtil der ikke flyder mere væske i midten, og den bliver lysebrun på toppen. Lad afkøle lidt, skær i firkanter og server.

Ernæring (for 100g): 344 Kalorier 27,3g Fedt 7,2g Kulhydrater 17,9g Protein 1087mg Natrium

Kogt æg

Forberedelsestid: 5 minutter

Madlavningstid: 15 minutter

Portioner: 8

Sværhedsgrad: Let

Ingredienser:

- 1 skefuld salt
- 1/4 kop destilleret hvid eddike
- 6 kopper vand
- 8 æg

Instruktioner:

Kom salt, eddike og vand i en stor gryde og bring det i kog ved høj varme. Tilsæt æggene, et efter et, og pas på ikke at flække dem. Sænk varmen og lad det simre ved svag varme og lad det simre i 14 minutter.

Fjern æggene fra det varme vand og læg dem i en beholder fyldt med isvand eller koldt vand. Afkøl helt, cirka 15 minutter.

Ernæring (for 100g): 72 kalorier 5 g fedt 0,4 g kulhydrater 6,3 g protein 947 mg natrium

Svampe med sojasauceglasur

Forberedelsestid: 5 minutter

Madlavningstid: 10 minutter

Portioner: 2

Sværhedsgrad: Medium

Ingredienser:

- 2 skeer smør
- 1 (8-ounce) pakke skåret hvide svampe
- 2 fed hvidløg, hakket
- 2 tsk sojasovs
- kværnet sort peber efter smag

Instruktioner:

Kog smørret i en stegepande over medium varme; rør i svampe; kog og rør, indtil svampene er møre og løse, cirka 5 minutter. Tilsæt hvidløg; fortsæt med at lave mad og rør i 1 minut. Hæld sojasovs i; kog svampe i sojasovs, indtil væsken fordamper, cirka 4 minutter.

Ernæring (for 100g): 135 kalorier 11,9 g fedt 5,4 g kulhydrater

Calabrese æg

Forberedelsestid: 10 minutter

Madlavningstid: 20 minutter

Portioner: 2

Sværhedsgrad: Medium

Ingredienser:

- 1 kop æg-erstatning
- 1 æg
- 3 grønne løg, hakket kød
- 8 skiver pepperoni i tern
- 1/2 tsk hvidløgspulver
- 1 tsk smeltet smør
- 1/4 kop revet Romano ost
- salt og kværnet sort peber efter smag

Instruktioner:

Kombiner æg-erstatning, æg, grønne løg, pepperoni-skiver og hvidløgspulver i en skål.

Kog smørret i en non-stick stegepande ved lav varme; Tilsæt æggeblandingen, dæk gryden og kog i 10 til 15 minutter. Drys Romano-æggene over og krydr med salt og peber.

Ernæring (for 100g): 266 kalorier 16,2 g fedt 3,7 g kulhydrater 25,3 g protein 586 mg natrium

Æggekager

Forberedelsestid: 15 minutter

Madlavningstid: 20 minutter

Portioner: 6

Sværhedsgrad: Medium

Ingredienser:

- 1 pakke bacon (12 ounces)
- 6 æg
- 2 skeer mælk
- 1/4 tsk salt
- 1/4 tsk stødt sort peber
- 1 c. Smeltet smør
- 1/4 tsk. Tørret persille
- 1/2 kop skinke
- 1/4 kop mozzarellaost
- 6 gouda skiver

Instruktioner:

Forbered ovnen til 175°C (350°F). Kog baconen ved middel varme, indtil den begynder at brune. Tør baconskiverne med køkkenpapir.

Læg baconskiverne i de 6 kopper af slip-let muffinformen. Skær det resterende bacon i skiver og læg i bunden af hver kop.

Bland æg, mælk, smør, persille, salt og peber. Tilsæt skinke og mozzarellaost.

Fyld kopperne med æggeblandingen; pynt med gouda ost.

Bag i den forvarmede ovn, indtil Gouda-osten smelter og æggene er bløde, cirka 15 minutter.

Ernæring (for 100g): 310 Kalorier 22,9g Fedt 2,1g Kulhydrater 23,1g Protein 988mg Natrium.

dinosaur æg

Forberedelsestid: 20 minutter
Madlavningstid: 15 minutter
Portioner: 4
Sværhedsgrad: Hårdt

Ingredienser:

- Sennepssauce:
- 1/4 kop tyk sennep
- 1/4 kop græsk yoghurt
- 1 tsk hvidløgspulver
- 1 knivspids cayennepeber
- Æg:
- 2 sammenpisket æg
- 2 kopper kartoffelmos
- 4 kogte æg, pillede
- 1 dåse (15 oz) HORMEL® Mary Kitchen® dåse Hakket oksekød finthakket
- 2 liter vegetabilsk olie til stegning

Instruktioner:

Kombiner gammeldags sennep, græsk yoghurt, hvidløgspulver og cayennepeber i en lille skål, indtil det er glat.

Overfør de 2 sammenpiskede æg til en lav tallerken; læg kartoffelflagerne i et separat lavt fad.

Del det hakkede kød i 4 portioner. Form saltkødet omkring hvert æg, indtil det er helt pakket ind.

Dyp de indpakkede æg i det sammenpiskede æg og pensl med kartoffelmos, indtil de er dækket.

Fyld olie i en stor pande og opvarm til 190°C (375°F).

Læg 2 æg i den varme olie og bag dem i 3 til 5 minutter, indtil de er gyldne. Fjern med en ske og læg på en tallerken beklædt med køkkenpapir. Gentag dette med de resterende 2 æg.

Skær på langs og server med sennepssauce.

Ernæring (for 100g): 784 Kalorier 63,2g Fedt 34g Kulhydrater

Dild og tomat frittata

Forberedelsestid: 10 minutter

Madlavningstid: 35 minutter

Portioner: 6

Sværhedsgrad: Medium

Ingredienser:

- Peber og salt efter smag
- 1 tsk rød peberflager
- 2 fed hvidløg, hakket
- ½ kop smuldret gedeost – valgfrit
- 2 spsk frisk purløg, hakket
- 2 spsk frisk dild, hakket
- 4 tomater, i tern
- 8 sammenpisket æg
- 1 tsk kokosolie

Instruktioner:

Smør en 9-tommer rund bradepande og forvarm ovnen til 325oF.

I en stor skål blandes alle ingredienser godt og hældes i den forberedte gryde.

Sæt i ovnen og bag til midten er gennemstegt, cirka 30-35 minutter.

Tag ud af ovnen og pynt med mere purløg og dild.

Ernæring (for 100g): 149 Kalorier 10,28g Fedt 9,93g Kulhydrater 13,26g Protein 523mg Natrium

Paleo Mandel Banan Pandekager

Forberedelsestid: 10 minutter

Madlavningstid: 10 minutter

Portioner: 3

Sværhedsgrad: Medium

Ingredienser:

- ¼ kop mandelmel
- ½ tsk kanelpulver
- 3 æg
- 1 banan, moset
- 1 spsk mandelsmør
- 1 tsk vaniljeekstrakt
- 1 tsk olivenolie
- Banan i skiver til servering

Instruktioner:

Pisk æg i en skål til det er luftigt. Mos bananen med en gaffel i en anden skål og tilsæt den til æggeblandingen. Tilsæt vanilje, mandelsmør, kanel og mandelmel. Bland til en glat dej. Varm olien op i en stegepande. Tilsæt en skefuld af dejen og steg på begge sider.

Fortsæt med at udføre disse trin, indtil du er færdig med al dejen.

Læg lidt skåret banan ovenpå før servering.

Ernæring (for 100g): 306 kalorier 26 g fedt 3,6 g kulhydrater 14,4 g protein 588 mg natrium

Zucchini med æg

Forberedelsestid: 5 minutter
Madlavningstid: 10 minutter
Portioner: 2
Sværhedsgrad: Let

Ingredienser:

- 1 1/2 spsk olivenolie
- 2 store zucchini, skåret i store stykker
- salt og kværnet sort peber efter smag
- 2 store æg
- 1 tsk vand, eller efter ønske

Instruktioner:

Kog olien i en stegepande ved middel varme; sauter zucchini indtil de er møre, cirka 10 minutter. Krydr zucchinien godt.

Pisk æggene i en skål med en gaffel. Hæld vandet i og pisk til det hele er godt blandet. Hæld æggene over zucchinien; kog og rør, indtil æggene er rørte og ikke længere flydende, ca. 5 minutter. Krydr zucchini og æg godt.

Ernæring (for 100g): 213 Kalorier 15,7g Fedt 11,2g Kulhydrater 10,2g Protein 180mg Natrium

Amish morgenmadsgryde med ost

Forberedelsestid: 10 minutter

Madlavningstid: 50 minutter

Portioner: 12

Sværhedsgrad: Let

Ingredienser:

- 1 pund bacon, skåret i tern,
- 1 sødt løg, hakket kød
- 4 kopper strimlede frosne kartofler, optøet
- 9 letpiskede æg
- 2 kopper revet cheddarost
- 1 1/2 kop hytteost
- 1 1/4 kopper revet schweizerost

Instruktioner:

Forvarm ovnen til 175°C (350°F). Smør en 9 x 13 tommer bradepande.

Varm en stor stegepande op over medium varme; kog og rør bacon og løg, indtil bacon er jævnt brunet, cirka 10 minutter. Dræne. Tilsæt kartofler, æg, cheddarost, flødeost og schweizerost. Fyld blandingen i en forberedt bageform.

Bag i ovnen, indtil æggene er kogt og osten er smeltet, 45 til 50 minutter. Stil til side i 10 minutter før udskæring og servering.

Ernæring (for 100g): 314 kalorier 22,8 g fedt 12,1 g kulhydrater 21,7 g protein 609 mg natrium

Salat med Roquefort ost

Forberedelsestid: 20 minutter

Madlavningstid: 25 minutter

Portioner: 6

Sværhedsgrad: Let

Ingredienser:

- 1 salatblad, skåret i små stykker
- 3 pærer - skrællede, udkernede og skåret i stykker
- 5 ounce Roquefort ost, smuldret
- 1/2 kop hakket grønne løg
- 1 avocado – skrællet, frøet og hakket
- 1/4 kop hvidt sukker
- 1/2 kop pekannødder
- 1 1/2 tsk hvidt sukker
- 1/3 kop olivenolie,
- 3 spiseskefulde rødvinseddike,
- 1 1/2 tsk forberedt sennep,
- 1 fed hakket hvidløg,
- 1/2 tsk friskkværnet sort peber

Instruktioner:

Tilsæt 1/4 kop sukker til nødderne i en stegepande ved middel varme. Fortsæt med at røre forsigtigt, indtil sukkeret smelter sammen med nødderne. Læg forsigtigt nødderne på bagepapiret. Stil til side og del i stykker.

Kombination af vinaigrette olivenolie, eddike, 1 1/2 tsk sukker, sennep, hakket hvidløg, salt og peber.

I en stor skål kombineres salat, pærer, blåskimmelost, avocado og grønne løg. Hæld vinaigretten over salaten, toppet med valnødder og server.

Ernæring (for 100g): 426 kalorier 31,6 g fedt 33,1 g kulhydrater 8 g protein 654 mg natrium

Ris med rosmarin

Forberedelsestid: 5 minutter

Madlavningstid: 45 minutter

Portioner: 6

Sværhedsgrad: Let

Ingredienser:

- 2 kopper kortkornet ris
- 3 ½ kopper vand, plus mere til skylning og iblødsætning af risene
- ¼ kop olivenolie
- 1 kop knækkede vermicelli nudler
- salt

Instruktioner:

Læg risene i blød i koldt vand, indtil vandet er klart. Læg risene i en skål, dæk med vand og lad dem trække i 10 minutter. Dræn og reserver. Kog olivenolien i en medium gryde ved middel varme.

Tilsæt vermicelli og kog i 2 til 3 minutter under konstant omrøring, indtil de er gyldne.

Tilsæt risene og kog i 1 minut under omrøring, så risene er godt dækket af olien. Tilsæt vandet og et nip salt og lad væsken koge. Juster varmen og kog i 20 minutter. Fjern fra varmen og lad hvile i 10 minutter. Pluk med en gaffel og server.

Ernæring (for 100g): 346 kalorier 9g totalt fedt 60g kulhydrater 2g protein 0,9mg natrium

Bondebønner og ris

Forberedelsestid: 10 minutter

Madlavningstid: 35 minutter

Portioner: 4

Sværhedsgrad: Let

Ingredienser:

- ¼ kop olivenolie
- 4 kopper friske bønner, skrællede
- 4½ kopper vand, plus mere til drypning
- 2 kopper basmatiris
- 1/8 tsk salt
- 1/8 tsk friskkværnet sort peber
- 2 spsk pinjekerner, ristede
- ½ kop hakket frisk hvidløg purløg eller frisk løg purløg

Instruktioner:

Fyld gryden med olivenolie og kog over medium varme. Tilsæt bondebønnerne og vand dem med lidt vand, så de ikke brænder på eller klistrer. Kog i 10 minutter.

Bland forsigtigt risene. Tilsæt vand, salt og peber. Tænd for varmen og kog blandingen op. Juster varmen og lad koge i 15 minutter.

Fjern fra varmen og lad hvile i 10 minutter før servering. Læg på et fad og drys med ristede pinjekerner og purløg.

Ernæring (for 100g): 587 kalorier 17g totalt fedt 97g kulhydrater 2g protein 0,6mg natrium

Smøragtige bondebønner

Forberedelsestid: 30 minutter

Madlavningstid: 15 minutter

Portioner: 4

Sværhedsgrad: Let

Ingredienser:

- ½ kop grøntsagsbouillon
- 4 kilo bondebønner, skrællede
- ¼ kop frisk estragon, delt
- 1 tsk hakket frisk timian
- ¼ tsk friskkværnet sort peber
- 1/8 tsk salt
- 2 skeer smør
- 1 fed hvidløg, hakket
- 2 spsk hakket frisk persille

Instruktioner:

Kog grøntsagsbouillonen i en lav gryde ved middel varme. Tilsæt bondebønnerne, 2 spsk estragon, timian, peber og salt. Kog til bouillonen næsten er absorberet og kornene møre.

Tilsæt smør, hvidløg og de resterende 2 spsk estragon. Kog i 2 til 3 minutter. Drys med persille og server varm.

Ernæring (for 100g): 458 kalorier 9 g fedt 81 g kulhydrater 37 g protein 691 mg natrium

Freekeh

Forberedelsestid: 10 minutter

Madlavningstid: 40 minutter

Portioner: 4

Sværhedsgrad: Let

Ingredienser:

- 4 spiseskefulde ghee
- 1 hakket løg
- 3½ dl grøntsagsbouillon
- 1 tsk allehånde
- 2 kopper freekeh
- 2 spsk pinjekerner, ristede

Instruktioner:

Smelt ghee i en tykbundet gryde ved middel varme. Tilsæt løget og steg i cirka 5 minutter under konstant omrøring, indtil løget bliver gyldent. Hæld grøntsagsbouillonen i, tilsæt allehånde og bring det i kog. Rør freekeh i og bring blandingen i kog. Juster varmen og kog i 30 minutter under omrøring af og til. Læg freekeh i et serveringsfad og top med de ristede pinjekerner.

Ernæring (for 100g): 459 kalorier 18 g fedt 64 g kulhydrater 10 g protein 692 mg natrium

Stegte risboller med tomatsauce

Forberedelsestid: 15 minutter

Madlavningstid: 20 minutter

Portioner: 8

Sværhedsgrad: Hårdt

Ingredienser:

- 1 kop brødkrummer
- 2 kopper kogt risotto
- 2 store æg, delt
- ¼ kop friskrevet parmesanost
- 8 kugler frisk babymozzarella eller 1 (4 tommer) frisk mozzarella skåret i 8 stykker
- 2 skeer vand
- 1 kop majsolie
- 1 kop grundlæggende tomat- og basilikumsauce, eller købt i butikken

Instruktioner:

Læg brødkrummerne i en lille skål og stil til side. I en mellemstor skål piskes risotto, 1 æg og parmesanost sammen, indtil det er godt blandet. Del risottoblandingen i 8 stykker. Læg dem på en ren arbejdsflade og glat hvert stykke ud.

Læg 1 mozzarellakugle på hver flade risskive. Luk risene rundt om mozzarellaen til en kugle. Gentag indtil du er færdig med alle kuglerne. I den samme, nu tomme, mellemstore skål piskes det resterende æg og vand. Dyp hver tilberedt risottokugle i det sammenpiskede æg og rul dem i brødkrummer. Efterlod det til side.

Kog majsolie i en stegepande ved høj varme. Sænk forsigtigt risottokuglerne ned i den varme olie og steg i 5 til 8 minutter, indtil de er gyldenbrune. Rør dem efter behov for at sikre, at hele overfladen er stegt. Brug en hulske til at lægge de stegte kugler på køkkenrulle til afdrypning.

Varm tomatsaucen op i en medium gryde ved middel varme i 5 minutter, rør rundt af og til og server saucen varm sammen med riskuglerne.

Ernæring (for 100g):255 kalorier 15 g fedt 16 g kulhydrater 2 g protein 669 mg natrium

ris i spansk stil

Forberedelsestid: 10 minutter

Madlavningstid: 35 minutter

Portioner: 4

Sværhedsgrad: Medium

Ingredienser:

- ¼ kop olivenolie
- 1 lille løg, finthakket
- 1 rød peberfrugt, frøet og hakket
- 1½ kop hvide ris
- 1 tsk sød paprika
- ½ tsk stødt spidskommen
- ½ tsk stødt koriander
- 1 fed hvidløg, hakket
- 3 skeer tomatpure
- 3 kopper grøntsagsbouillon
- 1/8 tsk salt

Instruktioner:

Kog olivenolien i en stor, tykbundet stegepande ved middel varme. Tilsæt løg og rød peber. Kog i 5 minutter eller indtil det er blødt. Tilsæt ris, paprika, spidskommen og koriander og kog i 2 minutter under konstant omrøring.

Tilsæt hvidløg, tomatpure, grøntsagsbouillon og salt. Rør godt rundt og krydr efter behov. Lad blandingen koge. Sænk varmen og kog i 20 minutter.

Stil til side i 5 minutter før servering.

Ernæring (for 100g): 414 kalorier 14 g fedt 63 g kulhydrater 2 g protein 664 mg natrium

Zucchini med ris og tzatziki

Forberedelsestid: 20 minutter

Madlavningstid: 35 minutter

Portioner: 4

Sværhedsgrad: Medium

Ingredienser:

- ¼ kop olivenolie
- 1 hakket løg
- 3 zucchini i tern
- 1 kop grøntsagsbouillon
- ½ kop hakket frisk dild
- salt
- Friskkværnet sort peber
- 1 kop kortkornet ris
- 2 skeer pinjekerner
- 1 kop Tzatziki Sauce, almindelig eller købt yoghurt

Instruktioner:

Kog olien i en tykbundet gryde ved middel varme. Tilsæt løget, sænk varmen til middel-lav og svits i 5 minutter. Rør zucchinien i og kog i yderligere 2 minutter.

Tilsæt grøntsagsbouillon og dild og smag til med salt og peber. Øg varmen til medium og bring blandingen i kog.

Tilsæt risene og bring blandingen i kog igen. Sænk varmen, læg låg på gryden og kog i 15 minutter. Fjern fra varmen og stil til side i 10 minutter. Læg risene på et fad, drys med pinjekerner og server med tzatziki sauce.

Ernæring (for 100g): 414 kalorier 17g fedt 57g kulhydrater 5g protein 591mg natrium

Cannellini bønner med rosmarin og hvidløg Aioli

Forberedelsestid: 10 minutter

Madlavningstid: 10 minutter

Portioner: 4

Sværhedsgrad: Let

Ingredienser:

- 4 kopper kogte cannellini bønner
- 4 kopper vand
- ½ tsk salt
- 3 skeer olivenolie
- 2 spsk hakket frisk rosmarin
- ½ kop hvidløg Aioli
- ¼ tsk friskkværnet sort peber

Instruktioner:

Kom cannellinibønner, vand og salt i en medium gryde ved middel varme. Bring i kog. Kog i 5 minutter. Dræne. Kog olivenolien i en stegepande ved middel varme.

Tilsæt bønnerne. Tilsæt rosmarin og aioli. Juster varmen til medium-lav og kog, under omrøring, lige for at varme igennem. Smag til med peber og server.

Ernæring (for 100g): 545 kalorier 36g fedt 42g kulhydrater 14g protein 608mg natrium

Ris med juveler

Forberedelsestid: 15 minutter
Madlavningstid: 30 minutter
Portioner: 6
Sværhedsgrad: Hårdt

Ingredienser:

- ½ kop olivenolie, delt
- 1 løg, finthakket
- 1 fed hvidløg, hakket
- ½ tsk hakket skrællet frisk ingefær
- 4½ kopper vand
- 1 tsk salt, delt, plus mere efter behov
- 1 tsk stødt gurkemeje
- 2 kopper basmatiris
- 1 kop friske ærter
- 2 gulerødder, skrællet og skåret i ½-tommers tern
- ½ kop tørrede tranebær
- Skal af 1 appelsin
- 1/8 tsk cayennepeber
- ¼ kop skivede mandler, ristede

Instruktioner:

Varm ¼ kop olivenolie i en stor pande. Tilsæt løget og steg i 4 minutter. Sauter i hvidløg og ingefær.

Tilsæt vand, ¾ tsk salt og gurkemeje. Bring blandingen i kog. Tilsæt risene og bring blandingen i kog. Smag bouillonen til og smag til med mere salt efter behov. Vælg varme til lav og kog i 15 minutter. Sluk for ilden. Lad risene hvile på blusset, tildækket, i 10 minutter. I mellemtiden opvarmer du den resterende ¼ kop olivenolie i en mellemstor gryde eller stegepande over middel-lav varme. Tilsæt ærter og gulerødder. Kog i 5 minutter.

Tilsæt tranebær og appelsinskal. Drys med det resterende salt og cayennepeber. Kog i 1 til 2 minutter. Læg risene på et fad. Top med ærter og gulerødder og drys med ristede mandler.

Ernæring (for 100g):460 kalorier 19 g fedt 65 g kulhydrater 4 g protein 810 mg natrium

Asparges risotto

Forberedelsestid: 15 minutter
Madlavningstid: 30 minutter
Portioner: 4
Sværhedsgrad: Hårdt

Ingredienser:

- 5 kopper grøntsagsbouillon, delt
- 3 spsk usaltet smør, delt
- 1 skefuld olivenolie
- 1 lille løg, hakket
- 1½ dl arborio ris
- 1 pund friske asparges, enderne trimmet, skåret i 1-tommers stykker, enderne adskilt
- ¼ kop friskrevet parmesanost

Instruktioner:

Kog grøntsagsbouillonen ved middel varme. Sæt varmen til lav og kog. Bland 2 spsk smør med olivenolien. Tilsæt løg og steg i 2 til 3 minutter.

Tilsæt risene og rør rundt med en træske, mens de koger i 1 minut, indtil kornene er godt belagt med smør og olie.

Rør ½ kop varm bouillon i. Kog og fortsæt med at røre, indtil bouillonen er helt absorberet. Tilsæt aspargesspydene og yderligere ½ kop bouillon. Kog og rør af og til. Fortsæt med at tilføje bouillon, ½ kop ad gangen, og kog indtil den er fuldstændig absorberet, når du tilføjer den næste ½ kop. Rør ofte for at undgå at klæbe. Risene skal være kogte, men stadig faste.

Tilsæt aspargesspidserne, resterende 1 spsk smør og parmesanost. Rør kraftigt for at kombinere. Fjern fra varmen, top med yderligere parmesanost, hvis det ønskes, og server straks.

Ernæring (for 100g): 434 kalorier 14 g fedt 67 g kulhydrater 6 g protein 517 mg natrium

Quinoa Pizza Muffins

Forberedelsestid: 15 minutter

Madlavningstid: 30 minutter

Portioner: 4

Sværhedsgrad: Let

Ingredienser:

- 1 kop rå quinoa
- 2 store æg
- ½ mellemstort løg, i tern
- 1 kop hakket peber
- 1 kop revet mozzarellaost
- 1 spsk tørret basilikum
- 1 spsk tørret oregano
- 2 skeer hvidløgspulver
- 1/8 tsk salt
- 1 tsk stødt rød peber
- ½ kop ristet rød peber, hakket*
- Pizzasauce, ca 1-2 kopper

Instruktioner:

Forvarm ovnen til 350oF. Kog quinoaen efter anvisningen. Bland alle ingredienser (undtagen sauce) i en skål. Bland alle ingredienser godt.

Hæld quinoapizzablandingen jævnt i muffinformen. Giver 12 muffins. Bages i 30 minutter, indtil muffinsene er gyldenbrune og kanterne er sprøde.

Top med 1 eller 2 spsk pizzasauce og nyd!

Ernæring (for 100g): 303 kalorier 6,1 g fedt 41,3 g kulhydrater 21 g protein 694 mg natrium

Rosmarin og valnøddebrød

Forberedelsestid: 5 minutter

Madlavningstid: 45 minutter

Portioner: 8

Sværhedsgrad: Hårdt

Ingredienser:

- ½ kop hakkede valnødder
- 4 spsk hakket frisk rosmarin
- 1 1/3 kopper varmt kulsyreholdigt vand
- 1 skefuld honning
- ½ kop ekstra jomfru olivenolie
- 1 tsk æblecidereddike
- 3 æg
- 5 teskefulde instant tørgærgranulat
- 1 skefuld salt
- 1 spsk xanthangummi
- ¼ kop pulveriseret mælk
- 1 kop hvidt rismel
- 1 kop tapiokastivelse
- 1 kop pilrodsstivelse
- 1 ¼ kop Bob's Red Mill All-Purpose Glutenfri Mel Blend

Instruktioner:

I en stor skål piskes æggene godt. Tilsæt 1 kop varmt vand, honning, olivenolie og eddike.

Mens der piskes konstant, tilsættes resten af ingredienserne, undtagen rosmarin og valnødder.

Bliv ved med at slå. Hvis dejen er for fast, røres lidt varmt vand i. Dejen skal være pjusket og tyk.

Tilsæt derefter rosmarin og valnødder og fortsæt med at ælte til det er godt fordelt.

Dæk skålen med dej til med et rent håndklæde, stil et lunt sted og lad hæve i 30 minutter.

Femten minutter inde i hævetiden, forvarm ovnen til 400oF.

Smør generøst en 2 liter hollandsk ovn med olivenolie og forvarm inde i ovnen uden låg.

Når dejen er hævet, tages gryden ud af ovnen og dejen lægges indeni. Brug en våd spatel til at fordele toppen af dejen jævnt over gryden.

Pensl toppen af brødet med 2 spiseskefulde olivenolie, dæk den hollandske ovn til og bag i 35 til 45 minutter. Når brødet er færdigt, tages det ud af ovnen. Og fjern forsigtigt brødet fra panden. Lad brødet afkøle mindst ti minutter, før det skæres i skiver. Server og nyd.

Ernæring (for 100g):424 kalorier 19 g fedt 56,8 g kulhydrater 7 g protein 844 mg natrium

Velsmagende Crabby Panini

Forberedelsestid: 5 minutter

Madlavningstid: 10 minutter

Portioner: 4

Sværhedsgrad: Let

Ingredienser:

- 1 skefuld olivenolie
- Franskbrød delt og skåret diagonalt
- 1 kg rejekrabbe
- ½ kop selleri
- ¼ kop hakket grønt løg
- 1 tsk Worcestershire sauce
- 1 skefuld citronsaft
- 1 spsk dijonsennep
- ½ kop lys mayonnaise

Instruktioner:

I en mellemstor skål blandes følgende godt: selleri, løg, Worcestershire, citronsaft, sennep og mayonnaise. Smag til med peber og salt. Tilsæt derefter forsigtigt mandler og krabber.

Fordel olivenolie på de snittede sider af brødet og overtræk med krabbeblandingen, før du dækker med endnu en skive brød.

Grill sandwichen i en Panini-presse, indtil brødet er sprødt og krøllet.

Ernæring (for 100g): 248 kalorier 10,9 g fedt 12 g kulhydrater 24,5 g protein 845 mg natrium

Perfekt pizza og wienerbrød

Forberedelsestid: 35 minutter

Madlavningstid: 15 minutter

Portioner: 10

Sværhedsgrad: Hårdt

Ingredienser:

- <u>Til pizzadejen:</u>
- 2 skeer honning
- 1/4-oz. aktiv tørgær
- 11/4 kopper varmt vand (ca. 120°F)
- 2 skeer olivenolie
- 1 tsk havsalt
- 3 kopper fuldkornsmel + 1/4 kop efter behov til rulning
- <u>Til pizzatoppen:</u>
- 1 kop pesto sauce
- 1 kop artiskokhjerter
- 1 kop visne spinatblade
- 1 kop soltørrede tomater
- 1/2 kop Kalamata oliven
- 4 oz. Feta ost
- 4 oz. blandet ost af lige dele fedtfattig mozzarella, asiago og provolone olivenolie
- <u>Valgfri dækningstillæg:</u>

- Peber
- Kyllingebryst, friske basilikumstrimler
- pinjekerner

Instruktioner:

Til pizzadejen:

Forvarm ovnen til 350°F.

Bland honning og gær med det varme vand i en foodprocessor forsynet med dejtilbehør. Bland blandingen, indtil den er helt kombineret. Lad blandingen hvile i 5 minutter for at sikre gæraktivitet gennem forekomsten af bobler på overfladen.

Hæld olivenolien i. Tilsæt salt og pisk i et halvt minut. Tilsæt gradvist 3 kopper mel, cirka en halv kop ad gangen, og bland i et par minutter mellem hver tilsætning.

Lad din processor ælte blandingen i 10 minutter, indtil den er glat og elastisk, drys den med mel efter behov for at forhindre, at dejen klæber til overfladerne af processorskålen.

Tag dejen fra skålen. Lad det hvile i 15 minutter, dækket med et varmt, fugtigt håndklæde.

Rul dejen ud til en halv tomme tykkelse, drys den med mel efter behov. Prik vilkårligt huller i dejen med en gaffel for at forhindre skorpen i at boble.

Læg den perforerede og rullede dej på en pizzasten eller bageplade. Bages i 5 minutter.

Til pizzatoppen:

Pensl let den bagte pizzabund med olivenolie.

Hæld pestosaucen over og fordel jævnt over overfladen af pizzaskallen, så der er et halvt tomme mellemrum rundt om kanten ligesom skorpen.

Top pizzaen med artiskokhjerter, visne spinatblade, soltørrede tomater og oliven. (Top med flere tilføjelser efter ønske.) Dæk toppen med osten.

Læg pizzaen direkte på ovnristen. Bag i 10 minutter, indtil osten bobler og smelter fra midten mod slutningen. Lad pizzaen køle af i 5 minutter før udskæring.

Ernæring (for 100g): 242,8 kalorier 15,1 g fedt 15,7 g kulhydrater 14,1 g protein 942 mg natrium

Middelhavs Margherita-model

Forberedelsestid: 15 minutter

Madlavningstid: 15 minutter

Portioner: 10

Sværhedsgrad: Hårdt

Ingredienser:

- 1 portion pizzaskal
- 2 skeer olivenolie
- 1/2 kop knust tomat
- 3 Roma tomater, skåret i 1/4 tomme tykke skiver
- 1/2 kop friske basilikumblade, skåret i tynde skiver
- 6 oz. blok mozzarella, skåret i 1/4-tommers skiver, dup tør med et køkkenrulle
- 1/2 tsk havsalt

Instruktioner:

Forvarm ovnen til 450°F.

Pensl pizzaskallen let med olivenolie. Fordel de knuste tomater jævnt over pizzaskallen, og efterlad en halv tomme plads rundt om kanten ligesom skorpen.

Top pizzaen med Roma tomatskiver, basilikumblade og mozzarellaskiver. Drys salt over pizzaen.

Overfør pizzaen direkte til ovnristen. Bag indtil osten smelter fra midten til skorpen. Stil til side før udskæring.

Ernæring (for 100g): 251 kalorier 8 g fedt 34 g kulhydrater 9 g protein 844 mg natrium

Bærbare pakkede picnicdele

Forberedelsestid: 5 minutter

Madlavningstid: 0 minutter

Portioner: 1

Sværhedsgrad: Let

Ingredienser:

- 1 skive fuldkornsbrød, skåret i små stykker
- 10 stykker cherrytomater
- 1/4-oz. lagret ost, skåret i skiver
- 6 enheder oliehærdede oliven

Instruktioner:

Pak hver af ingredienserne i en bærbar beholder til servering, mens du snacker på farten.

Ernæring (for 100g): 197 kalorier 9 g fedt 22 g kulhydrater 7 g protein 499 mg natrium

Frittata fyldt med krydret zucchini og tomat toppings

Forberedelsestid: 10 minutter

Madlavningstid: 15 minutter

Portioner: 4

Sværhedsgrad: Let

Ingredienser:

- 8 enheder æg
- 1/4 tsk rød peber, knust
- 1/4 tsk salt
- 1-spsk olivenolie
- 1 lille zucchini, skåret i tynde skiver på langs
- 1/2 kop røde eller gule cherrytomater, skåret i halve
- 1/3 - kop valnødder, groft hakket
- 2 oz. små kugler af frisk mozzarella (bocconcini)

Instruktioner:

Forvarm din slagtekylling. Pisk imens æg, stødt rød peber og salt sammen i en mellemstor skål. Efterlod det til side.

Opvarm olivenolien i en 10-tommers slagtekylling-sikker stegepande over medium-høj varme. Læg courgetteskiverne i et jævnt lag i bunden af gryden. Kog i 3 minutter, vend én gang, halvvejs.

Dæk zucchinilaget med cherrytomater. Hæld æggeblandingen over grøntsagerne i gryden. Top med valnødder og mozzarellakugler.

Skift til medium varme. Kog indtil siderne begynder at stivne. Brug en spatel til at løfte frittataen, så de rå dele af æggeblandingen flyder nedenunder.

Sæt stegepanden på grillen. Grill frittataen 4 tommer fra varmen i 5 minutter, indtil toppen er sat. Til servering skæres frittataen i tern.

Ernæring (for 100g): 284 kalorier 14 g fedt 4 g kulhydrater 17 g protein 788 mg natrium

Banan brød

Forberedelsestid: 10 minutter

Madlavningstid: 1 time og 10 minutter

Portioner: 32

Sværhedsgrad: Medium

Ingredienser:

- Hvidt sukker (0,25 kop)
- Kanel (1 tsk + 2 tsk.)
- Smør (0,75)
- Hvidt sukker (3 kopper)
- Æg (3)
- Meget modne bananer, mosede (6)
- Tung creme (16 oz beholder)
- Vaniljeekstrakt (2 tsk.)
- Salt (0,5 tsk.)
- Bagepulver (3 teskefulde)
- All-purpose mel (4,5 kopper)
- Valgfrit: hakkede valnødder (1 kop)
- Også nødvendigt: 4 - 7 x 3 tommer brødforme

Instruktioner:

Indstil ovnen til at nå 300 ° Fahrenheit. Smør brødformene.

Sigt sukker og en teskefuld kanel i. Drys bageformen med blandingen.

Pisk smørret med det resterende sukker. Mos bananerne med æg, kanel, vanilje, fløde, salt, natron og mel. Tilsæt nødderne til sidst.

Hæld blandingen i gryderne. Bages i en time. Tjene

Ernæring (for 100g):263 Kalorier 10,4 g Fedt 9 g Kulhydrater 3,7 g Protein 633 mg Natrium

Hjemmelavet pitabrød

Forberedelsestid: 15 minutter

Madlavningstid: 5 timer (inklusive stigningstider)

Portioner: 7

Sværhedsgrad: Hårdt

Ingredienser:

- Tørgær (0,25 oz)
- Sukker (0,5 tsk.)
- All-purpose, fuldkornsbrødsmel/-blanding (2,5 kopper + mere til aftørring)
- Salt (0,5 tsk.)
- Vand (0,25 kop eller efter behov)
- Olie efter behov

Instruktioner:

Opløs gær og sukker i ¼ kop varmt vand i en lille røreskål. Vent ca. 15 minutter (klar, når den er skummende).

Sigt mel og salt i en anden beholder. Lav en brønd i midten og tilsæt gærblandingen (+) en kop vand. Ælt dejen.

Læg den på en let meldrysset overflade og ælt.

Læg en dråbe olie i bunden af en stor skål og rul dejen heri, så den dækker overfladen.

Læg et fugtigt køkkenrulle over dejbeholderen. Pak skålen ind med et fugtigt klæde og stil den et lunt sted i mindst to timer eller natten over. (Dejen bliver dobbelt så stor).

Sænk dejen og ælt brødet og del det i små kugler. Flad kuglerne ud til tykke ovale skiver.

Drys et viskestykke med mel og læg de ovale skiver ovenpå, så der er plads nok til at udvide sig imellem dem. Drys med mel og læg endnu et rent klæde ovenpå. Lad det hæve yderligere en til to timer.

Indstil ovnen til 425 ° Fahrenheit. Sæt flere bageplader i ovnen for kortvarig opvarmning. Smør de opvarmede bageplader let med olie og læg de ovale brødskiver på dem.

Drys ovalerne let med vand og bag dem, indtil de er let brunede, eller i seks til otte minutter.

Server dem mens de er varme. Anret fladbrødet på en rist og pak det ind i et rent, tørt klæde for at holde det blødt til senere.

Ernæring (for 100g): 210 kalorier 4g fedt 6g kulhydrater 6g protein 881mg natrium

Fladbrød sandwich

Forberedelsestid: 10 minutter

Madlavningstid: 20 minutter

Portioner: 6

Sværhedsgrad: Let

Ingredienser:

- Olivenolie (1 spsk)
- 7-korn pilaf (8,5 oz pakke)
- Engelsk agurk uden frø (1 kop)
- Tomater uden kerner (1 kop)
- Smuldret fetaost (0,25 kop)
- Frisk citronsaft (2 spsk)
- Friskkværnet sort peber (0,25 tsk.)
- Almindelig hummus (7 oz beholder)
- Fuldkorns-hvidt brød wraps (3 til 2,8 ounce hver)

Instruktioner:

Kog pilafen som anvist på pakkens anvisning og lad den køle af.

Hak og bland tomat, agurk, ost, olivenolie, peber og citronsaft. Fold pilaf i.

Forbered wraps med hummus på den ene side. Læg i pilaf og fold.

Skær i en sandwich og server.

Ernæring (for 100g): 310 kalorier 9 g fedt 8 g kulhydrater 10 g protein 745 mg natrium

Mezze tallerken med ristet Zaatar Pitabrød

Forberedelsestid: 10 minutter

Madlavningstid: 10 minutter

Portioner: 4

Sværhedsgrad: Medium

Ingredienser:

- Fuld hvede pita skiver (4)
- Olivenolie (4 spsk)
- Zaatar (4 teskefulde)
- Græsk yoghurt (1 kop)
- Sort peber og Kosher salt (efter din smag)
- Hummus (1 kop)
- Marinerede artiskokhjerter (1 kop)
- Assorterede oliven (2 kopper)
- Skivede ristede røde peberfrugter (1 kop)
- Cherrytomater (2 kopper)
- Salami (4 oz)

Instruktioner:

Brug indstillingen mellem-høj varme til at opvarme en stor stegepande.

Smør pitabrød let med olie på hver side og tilsæt zaatar for at krydre.

Forbered i portioner ved at tilføje pitaen til en stegepande og riste, indtil den er gyldenbrun. Det bør tage omkring to minutter på hver side. Skær hver af pitaerne i kvarte.

Smag yoghurten til med peber og salt.

For at samle, del kartoflerne og tilsæt hummus, yoghurt, artiskokhjerter, oliven, rød peberfrugt, tomater og salami.

Ernæring (for 100g): 731 Kalorier 48g Fedt 10g Kulhydrater 26g Protein 632mg Natrium

Mini kylling shawarma

Forberedelsestid: 10 minutter

Madlavningstid: 1 time og 15 minutter

Portioner: 8

Sværhedsgrad: Let

Ingredienser:

- <u>Kyllingen:</u>
- Kyllingemørbrad (1 lb.)
- Olivenolie (0,25 kop)
- Citron - skal og saft (1)
- Spidskommen (1 teskefuld)
- Hvidløgspulver (2 teskefulde)
- Røget paprika (0,5 tsk)
- Koriander (0,75 tsk.)
- Friskkværnet sort peber (1 tsk)
- <u>Saucen:</u>
- Græsk yoghurt (1,25 kopper)
- Citronsaft (1 spsk)
- revet fed hvidløg (1)
- Hakket frisk dild (2 spsk.)
- Sort peber (0,125 tsk/efter smag)
- Kosher salt (efter ønske)
- Frisk hakket persille (0,25 kop)
- Rødløg (halvdelen af 1)

- Romainesalat (4 blade)
- Engelsk agurk (halvdelen af 1)
- Tomater (2)
- Mini pitabrød (16)

Instruktioner:

Smid kyllingen i en pose med lynlås. Blend kyllingeingredienserne og kom dem i posen for at marinere i op til en time.

Tilbered saucen ved at kombinere juice, hvidløg og yoghurt i en røreskål. Tilsæt dild, persille, peber og salt. Sæt i køleskabet.

Opvarm en stegepande ved at bruge middeltemperaturindstillingen. Overfør kyllingen fra marinaden (lad det overskydende dryppe af).

Kog indtil de er gennemstegte eller cirka fire minutter på hver side. Skær den i mundrette strimler.

Skær agurk og løg i tynde skiver. Riv salaten og hak tomaterne. Saml og tilsæt pitaerne - kyllingen, salaten, løget, tomaten og agurken.

Ernæring (for 100g): 216 kalorier 16 g fedt 9 g kulhydrater 9 g protein 745 mg natrium

Pizza i aubergine

Forberedelsestid: 10 minutter

Madlavningstid: 30 minutter

Portioner: 6

Sværhedsgrad: Medium

Ingredienser:

- Auberginer (1 stor eller 2 mellemstore)
- Olivenolie (0,33 kop)
- Sort peber og salt (efter smag)
- Marinara Sauce – købt i butikken/hjemmelavet (1,25 kopper)
- Revet mozzarellaost (1,5 dl)
- Cherrytomater (2 kopper - halvdelen)
- Revet basilikumblade (0,5 kop)

Instruktioner:

Opvarm ovnen til at nå 400 ° Fahrenheit. Forbered bagepladen med et lag bagepapir.

Skær spidsen/spidserne af auberginen af og skær i ¾ tomme skiver. Læg skiverne på den forberedte bageplade og pensl begge sider med olivenolie. Drys med peber og salt efter din smag.

Bag auberginen, indtil den er blød (10 til 12 min.).

Tag gryden ud af ovnen og tilsæt to spiseskefulde sauce på toppen af hver sektion. Top med mozzarella og tre til fem stykker tomat.

Sæt i ovnen, indtil osten smelter. Tomaterne skal begynde at blive blærer om cirka fem til syv minutter.

Tag pladen ud af ovnen. Server og pynt med basilikum.

Ernæring (for 100g): 257 kalorier 20 g fedt 11 g kulhydrater 8 g protein 789 mg natrium

Middelhavet fuldkornspizza

Forberedelsestid: 10 minutter

Madlavningstid: 25 minutter

Portioner: 4

Sværhedsgrad: Let

Ingredienser:

- Fuldkornspizzadej (1)
- basilikumpesto (4 oz krukke)
- Artiskokhjerter (0,5 kop)
- Kalamata oliven (2 spsk)
- Pepperoncini (2 spsk drænet)
- Fetaost (0,25 kop)

Instruktioner:

Indstil ovnen til 450 ° Fahrenheit.

Dræn og skær artiskokkerne i stykker. Skær/hak pepperoncini og oliven.

Anret pizzadejen på en meldrysset arbejdsflade og top den med pesto. Anret artiskokker, pepperoncini-skiver og oliven på pizzaen. Smuldr til sidst og tilsæt fetaosten.

Bages i 10-12 minutter. Tjene.

Ernæring (for 100g): 277 kalorier 18,6 g fedt 8 g kulhydrater 9,7 g protein 841 mg natrium

Bagt spinat og feta pita

Forberedelsestid: 5 minutter

Madlavningstid: 22 minutter

Portioner: 6

Sværhedsgrad: Hårdt

Ingredienser:

- Soltørret tomatpesto (6 ounce balje)
- Roma - blommetomater (2 hakkede)
- Fuld hvede pitabrød (seks 6 tommer)
- Spinat (1 bundt)
- Svampe (4 skiver)
- Revet parmesanost (2 spsk)
- Smuldret fetaost (0,5 kop)
- Olivenolie (3 spsk)
- Sort peber (efter smag)

Instruktioner:

Indstil ovnen til 350 ° Fahrenheit.

Pensl pesto på den ene side af hvert pitabrød og anret på en bageplade (pestosiden opad).

Vask og hak spinaten. Top pitaerne med spinat, svampe, tomater, fetaost, peber, parmesanost, peber og et skvæt olivenolie.

Bages i den varme ovn til pitabrødet er sprødt (12 min.). Skær pitaerne i kvarte.

Ernæring (for 100g): 350 kalorier 17,1 g fedt 9 g kulhydrater 11,6 g protein 712 mg natrium

Vandmelon og balsamico feta pizza

Forberedelsestid: 10 minutter

Madlavningstid: 15 minutter

Portioner: 4

Sværhedsgrad: Let

Ingredienser:

- Vandmelon (1 tomme tyk fra midten)
- Smuldret fetaost (1 oz.)
- Skivede Kalamata-oliven (5-6)
- Mynteblade (1 tsk)
- Balsamico glasur (0,5 spsk.)

Instruktioner:

Skær den bredeste del af vandmelonen i halve. Skær derefter hver halvdel i fire skiver.

Anret på en rund tærtetallerken som en rund pizza og top med oliven, ost, mynteblade og glasur.

Ernæring (for 100g): 90 Kalorier 3g Fedt 4g Kulhydrater 2g Protein 761mg Natrium

Blandede krydderburgere

Forberedelsestid: 10 minutter

Madlavningstid: 30 minutter

Portioner: 6

Sværhedsgrad: Medium

Ingredienser:

- Mellemstor løg (1)
- Frisk persille (3 spsk)
- Fed hvidløg (1)
- Kværnet allehånde (0,75 tsk.)
- Peber (0,75 tsk.)
- Kværnet muskatnød (0,25 tsk.)
- Kanel (0,5 tsk.)
- Salt (0,5 tsk.)
- Frisk mynte (2 spsk)
- 90 % magert hakket oksekød (1,5 lb.)
- Valgfrit: Kold Tzatziki Sauce

Instruktioner:

Hak/hak persille, mynte, hvidløg og løg fint.

Pisk muskatnød, salt, kanel, peber, allehånde, hvidløg, mynte, persille og løg sammen.

Tilføj kød og tilbered seks (6) 2 x 4 tommer aflange bøffer.

Brug middeltemperaturindstillingen til at grille burgerne, eller grill dem fire centimeter fra varmen i 6 minutter på hver side.

Når de er færdige, vil kødtermometeret registrere 160° Fahrenheit. Server eventuelt med sauce.

Ernæring (for 100g): 231 kalorier 9 g fedt 10 g kulhydrater 32 g protein 811 mg natrium

Skinke - Salat - Tomat og avocado sandwich

Forberedelsestid: 10 minutter

Madlavningstid: 10 minutter

Portioner: 4

Sværhedsgrad: Let

Ingredienser:

- Skinke (2 oz/8 tynde skiver)
- Moden avocado (1 skåret i halve)
- Romainesalat (4 hele blade)
- Stor moden tomat (1)
- Skiver fuldkorns- eller fuldkornsbrød (8)
- Sort peber og kosher salt (0,25 tsk.)

Instruktioner:

Riv salatbladene i otte stykker (i alt). Skær tomaten i otte skiver. Rist brødet og læg det på en tallerken.

Skrab avocadokødet fra skindet og kom det i en skål. Drys let med peber og salt. Blend eller mos forsigtigt avocadoen, indtil den er cremet. Fordel over brødet.

Lav en sandwich. Tag en skive avocado toast; dæk med et salatblad, en skive skinke og en skive tomat. Top med endnu en skive salattomat og fortsæt.

Gentag processen indtil alle ingredienser er brugt op.

Ernæring (for 100g): 240 kalorier 9 g fedt 8 g kulhydrater 12 g protein 811 mg natrium

Spinat tærte

Forberedelsestid: 10 minutter

Madlavningstid: 60 minutter

Portioner: 6

Sværhedsgrad: Medium

Ingredienser:

- Smeltet smør (0,5 kop)
- Frossen spinat (10 oz pakke)
- Frisk persille (0,5 kop)
- Purløg (0,5 kop)
- Frisk dild (0,5 kop)
- Smuldret fetaost (0,5 kop)
- Flødeost (4 oz)
- Hytteost (4 oz)
- Parmesan (2 spsk - revet)
- Store æg (2)
- Peber og salt (efter smag)
- Filodej (40 ark)

Instruktioner:

Opvarm ovnindstillingen til 350 ° Fahrenheit.

Hak/hak løg, dild og persille. Optø spinat og pastaplader. Tør spinaten ved at klemme den.

Blend spinat, grønne løg, æg, ost, persille, dild, peber og salt i en blender til det er cremet.

Forbered de små filotrekanter ved at fylde dem med en teskefuld af spinatblandingen.

Pensl let ydersiden af trekanterne med smør og anbring dem med sømsiden nedad på en usmurt bageplade.

Sæt dem i den opvarmede ovn for at bage, indtil de er gyldne og hævede (20-25 min.). Server meget varmt.

Ernæring (for 100g): 555 kalorier 21,3 g fedt 15 g kulhydrater 18,1 g protein 681 mg natrium

Kylling feta burgere

Forberedelsestid: 10 minutter

Madlavningstid: 30 minutter

Portioner: 6

Sværhedsgrad: Medium

Ingredienser:

- ¼ kop fedtfattig mayonnaise
- ¼ kop finthakket agurk
- ¼ tsk sort peber
- 1 tsk hvidløgspulver
- ½ kop hakket ristet sød peber
- ½ tsk græsk krydderi
- 1,5 lb. Mager malet kylling
- 1 kop smuldret fetaost
- 6 fuldkorns hamburgerboller

Instruktioner:

Forvarm slagtekyllingen i ovnen på forhånd. Bland mayonnaise og agurk. Efterlod det til side.

Kombiner hver af krydderierne og rød peber til burgerne. Bland kylling og ost godt sammen. Form blandingen til 6 ½ tomme tykke bøffer.

Tilbered burgere på en grill og placer omkring fire centimeter fra varmekilden. Kog indtil termometeret når 165 ° Fahrenheit.

Server med brød og agurkesauce. Pynt med tomat og salat, hvis det ønskes og server.

Ernæring (for 100g): 356 kalorier 14 g fedt 10 g kulhydrater 31 g protein 691 mg natrium

Flæskesteg til Tacos

Forberedelsestid: 10 minutter

Madlavningstid: 1 time og 15 minutter

Portioner: 6

Sværhedsgrad: Medium

Ingredienser:

- Flæskeskuldersteg (4 lb.)
- Hakket grøn peberfrugt (2- til 4-ounce dåser)
- Chilipulver (0,25 kop)
- Tørret oregano (1 tsk)
- Tacokrydderi (1 tsk)
- Hvidløg (2 teskefulde)
- Salt (1,5 tsk eller efter ønske)

Instruktioner:

Indstil ovnen til at nå 300 ° Fahrenheit.

Læg stegen oven på en stor plade alufolie.

Dræn peberfrugterne. Hak hvidløget.

Bland de grønne chili, tacokrydderi, chilipulver, oregano og hvidløg i. Gnid blandingen over bagepladen og dæk med et lag alufolie.

Læg det indpakkede svinekød oven på en bageplade i en bradepande for at fange eventuelle utætheder.

Bages i 3,5 til 4 timer i den varme ovn, indtil den falder fra hinanden. Kog indtil midten når mindst 145 ° Fahrenheit, når den testes med et kødtermometer (indvendig temperatur).

Overfør stegen til en skæreblok for at rive den i mundrette stykker med to gafler. Krydr det som ønsket.

Ernæring (for 100g): 290 kalorier 17,6 g fedt 12 g kulhydrater 25,3 g protein 471 mg natrium

Italiensk æble - Olivenoliekage

Forberedelsestid: 10 minutter

Madlavningstid: 1 time og 10 minutter

Portioner: 12

Sværhedsgrad: Medium

Ingredienser:

- Gallaæbler (2 store)
- Appelsinjuice - til at udbløde æblerne
- Hvedemel (3 kopper)
- Kanelpulver (0,5 tsk.)
- Muskatnød (0,5 tsk.)
- Bagepulver (1 tsk)
- Bagepulver (1 tsk)
- Sukker (1 kop)
- Olivenolie (1 kop)
- Store æg (2)
- Gyldne rosiner (0,66 kop)
- Flormelis - til drys
- Også nødvendig: 9-tommer bradepande

Instruktioner:

Skræl og hak æblerne fint. Dryp æblerne med nok appelsinsaft til at forhindre bruning.

Udblød rosinerne i varmt vand i 15 minutter og dræn godt af.

Sigt bagepulver, mel, bagepulver, kanel og muskatnød sammen. Læg det til side for nu.

Hæld olie og sukker i røreskålen. Bland på lav indstilling i 2 minutter eller indtil det er blandet.

Bland undervejs, bræk æggene i et ad gangen og fortsæt med at blande i 2 minutter. Blandingen skal øges i volumen; den skal være tyk – ikke flydende.

Bland alle ingredienser godt sammen. Lav en brønd i midten af melblandingen og tilsæt oliven- og sukkerblandingen.

Fjern overskydende saft fra æblerne og dræn de udblødte rosiner. Tilsæt dem til dejen, bland godt.

Forbered bagepladen med bagepapir. Læg dejen i gryden og jævn med bagsiden af en træske.

Bages i 45 minutter ved 350° Fahrenheit.

Når den er klar, fjerner du kagen fra bagepapiret og lægger den på et serveringsfad. Drys med flormelis. Varm mørk honning op for at pynte toppen.

Ernæring (for 100g): 294 Kalorier 11g Fedt 9g Kulhydrater 5,3g Protein 691mg Natrium

Hurtig tilapia med rødløg og avocado

Forberedelsestid: 10 minutter

Madlavningstid: 5 minutter

Portioner: 4

Sværhedsgrad: Medium

Ingredienser:

- 1 spsk ekstra jomfru olivenolie
- 1 spsk friskpresset appelsinjuice
- ¼ tsk kosher eller havsalt
- 4 (4-ounce) tilapiafileter, mere aflange end firkantede, skind på eller skind af
- ¼ kop hakket rødløg
- 1 avocado

Instruktioner:

I en 9-tommers glastærteplade kombineres olien, appelsinjuice og salt. Arbejd fileten samtidigt, læg hver enkelt i gryden og dæk til på alle sider. Form fileterne til en vognhjulsformation. Læg hver filet med 1 spsk løg og fold spidsen af fileten, der hænger ud over kanten, på midten over løget. Når du er færdig, skal du have 4 foldede fileter med folden mod yderkanten af fadet og enderne i midten.

Pak fadet ind med plastik, lad en lille del stå åben i kanten for at frigive dampen. Kog ved høj effekt i cirka 3 minutter i mikrobølgeovnen. Når den er klar, skal den skilles i flager (bidder), når den trykkes forsigtigt med en gaffel. Pynt fileterne med avocadoen og server.

Ernæring (for 100g): 200 kalorier 3g fedt 4g kulhydrater 22g protein 811mg natrium

Fisk grillet i citroner

Forberedelsestid: 10 minutter

Madlavningstid: 10 minutter

Portioner: 4

Sværhedsgrad: Hårdt

Ingredienser:

- 4 (4 ounce) fiskefileter
- Non-stick madlavningsspray
- 3 til 4 mellemstore citroner
- 1 spsk ekstra jomfru olivenolie
- ¼ tsk friskkværnet sort peber
- ¼ tsk kosher eller havsalt

Instruktioner:

Brug køkkenrulle, dup fileterne tørre og lad dem hvile ved stuetemperatur i 10 minutter. Beklæd i mellemtiden grillens kolde madlavningsrist med nonstick-spray og forvarm grillen til 400°F eller medium-høj varme.

Skær en citron i halve og stil halvdelen til side. Skær den resterende halvdel af den citron og de resterende citroner i ¼ tomme tykke skiver. (Du skal have omkring 12 til 16 citronbåde.) I en lille skål, pres 1 spsk saft fra den reserverede citronhalvdel.

Tilsæt olien i skålen med citronsaft og bland godt. Beklæd begge sider af fisken med olieblandingen og drys jævnt med peber og salt.

Læg forsigtigt citronskiverne på grillen (eller grillen), læg 3 til 4 skiver sammen i form af en fiskefilet, og gentag med de resterende skiver. Læg fiskefileterne direkte på citronskiverne og grill med lukket låg. (Hvis du griller på komfuret, skal du dække med et stort pandelåg eller aluminiumsfolie.) Vend kun fisken halvvejs gennem tilberedningstiden, hvis fileterne er mere end en halv tomme tykke. Den er kogt, når den begynder at skille sig i flager, når den trykkes let med en gaffel.

Ernæring (for 100g): 147 kalorier 5 g fedt 1 g kulhydrater 22 g protein 917 mg natrium

Pandestegt fiskemiddag i løbet af ugen

Forberedelsestid: 10 minutter

Madlavningstid: 10 minutter

Portioner: 4

Sværhedsgrad: Medium

Ingredienser:

- Non-stick madlavningsspray
- 2 skeer ekstra jomfru olivenolie
- 1 skefuld balsamicoeddike
- 4 (4-ounce) fiskefileter (½ tomme tykke)
- 2½ kopper grønne bønner
- 1 liter cherry- eller vindruetomater

Instruktioner:

Forvarm ovnen til 400 ° F. Pensl to store bageplader med kanter med nonstick-spray. I en lille skål piskes olie og eddike sammen. Efterlod det til side. Læg to stykker fisk på hver bageplade.

Kombiner bønner og tomater i en stor skål. Hæld olie og eddike i og vend forsigtigt til belægning. Hæld halvdelen af den grønne bønneblanding over fisken i det ene ovnfad og den resterende halvdel over fisken i den anden. Vend fisken og gnid den ind i olieblandingen, så den dækker. Læg grøntsagerne jævnt på bagepladene, så varm luft kan cirkulere rundt om dem.

Bag til fisken er lige akkurat uigennemsigtig. Det er kogt, når det begynder at skille sig i stykker, når det forsigtigt gennembores med en gaffel.

Ernæring (for 100g): 193 kalorier 8 g fedt 3 g kulhydrater 23 g protein 811 mg natrium

Sprøde polenta fiskepinde

Forberedelsestid: 10 minutter

Madlavningstid: 15 minutter

Portioner: 4

Sværhedsgrad: Hårdt

Ingredienser:

- 2 store æg, let pisket
- 1 spiseskefuld 2% mælk
- 1 pund skindfri fiskefileter skåret i 20 (1 tomme brede) strimler
- ½ kop gul majsmel
- ½ kop fuldkorn panko brødkrummer
- ¼ tsk røget paprika
- ¼ tsk kosher eller havsalt
- ¼ tsk friskkværnet sort peber
- Non-stick madlavningsspray

Instruktioner:

Sæt en stor bageplade med kant i ovnen. Forvarm ovnen til 400°F med gryden indeni. I en stor skål blandes æg og mælk. Brug en gaffel til at tilføje fiskestrimlerne til æggeblandingen og rør forsigtigt, så det dækker.

Kom majsmel, brødkrummer, røget paprika, salt og peber i en plastikpose med lynlås. Brug en gaffel eller tang til at overføre fisken til posen, og lad eventuelt overskydende æg løbe ned i skålen, før den overføres. Forsegl tæt og ryst forsigtigt for at dække hvert stykke fisk helt.

Brug ovnluffer, fjern forsigtigt den varme bageplade fra ovnen og spray den med nonstick-spray. Tag fiskestængerne ud af posen med en gaffel eller en tang og anbring dem på den varme bageplade, med mellemrum mellem dem, så den varme luft kan cirkulere og blive sprød. Bages i 5 til 8 minutter, indtil forsigtigt tryk med en gaffel får fisken til at falde fra hinanden og servere.

Ernæring (for 100g): 256 kalorier 6 g fedt 2 g kulhydrater 29 g protein 667 mg natrium

Lakse aftensmad

Forberedelsestid: 15 minutter

Madlavningstid: 15 minutter

Portioner: 4

Sværhedsgrad: Medium

Ingredienser:

- 1 spsk ekstra jomfru olivenolie
- 2 fed hvidløg, hakket
- 1 tsk røget paprika
- 1 liter vindrue- eller cherrytomater, skåret i kvarte
- 1 (12 ounce) ristet rød peber
- 1 skefuld vand
- ¼ tsk friskkværnet sort peber
- ¼ tsk kosher eller havsalt
- 1 pund laksefileter, skindet fjernet, skåret i 8 stykker
- 1 spsk friskpresset citronsaft (fra ½ medium citron)

Instruktioner:

Ved middel varme koges olivenolien i en stegepande. Bland hvidløg og røget paprika i og steg i 1 minut under konstant omrøring. Tilsæt tomater, ristede peberfrugter, vand, sort peber og salt. Juster varmen til middelhøj, kog i 3 minutter og knus tomaterne indtil slutningen af kogetiden.

Læg laksen i gryden og dryp noget af saucen over. Dæk til og steg i 10 til 12 minutter (145 ° F ved hjælp af et kødtermometer) og begynder bare at falde fra hinanden.

Tag gryden af varmen og drys citronsaft over fisken. Rør saucen, og skær derefter laksen i stykker. Tjene.

Ernæring (for 100g): 289 Kalorier 13g Fedt 2g Kulhydrater 31g Protein 581mg Natrium

Toscanske tun- og zucchiniburgere

Forberedelsestid: 10 minutter

Madlavningstid: 30 minutter

Portioner: 4

Sværhedsgrad: Medium

Ingredienser:

- 3 skiver fuldkornsbrød, ristet
- 2 (5-ounce) dåser tun i olivenolie
- 1 kop revet zucchini
- 1 stort æg, let pisket
- ¼ kop rød peber i tern
- 1 spsk tørret oregano
- 1 tsk citronskal
- ¼ tsk friskkværnet sort peber
- ¼ tsk kosher eller havsalt
- 1 spsk ekstra jomfru olivenolie
- Grøn bladsalat eller 4 fuldkornsruller til servering (valgfrit)

Instruktioner:

Smuldr ristet brød til brødkrummer med fingrene (eller brug en kniv til at skære i ¼-tommers terninger), indtil du har 1 kop løst pakket krummer. Hæld krummerne i en stor skål. Tilsæt tun, zucchini, æg, peber, oregano, citronskal, sort peber og salt. Bland godt med en gaffel. Fordel blandingen i fire bøffer (½ kop størrelse). Læg dem på en tallerken og tryk hver patty til cirka ¾ tomme tyk.

Ved middelhøj varme koges olivenolien i en stegepande. Tilsæt burgerne til den varme olie og sænk varmen til medium. Kog burgerne i 5 minutter, vend med en spatel og kog i yderligere 5 minutter. Nyd som den er eller server på grønne salater eller fuldkornsruller.

Ernæring (for 100g): 191 kalorier 10 g fedt 2 g kulhydrater 15 g protein 661 mg natrium

Siciliansk grønkål og tun skål

Forberedelsestid: 15 minutter

Madlavningstid: 15 minutter

Portioner: 6

Sværhedsgrad: Medium

Ingredienser:

- 1 kilo kål
- 3 spsk ekstra jomfru olivenolie
- 1 kop hakket løg
- 3 fed hvidløg, hakket
- 1 dåse (2,25 ounce) skivede oliven, drænet
- ¼ kop kapers
- ¼ tsk rød peber
- 2 skeer sukker
- 2 dåser tun i olivenolie
- 1 (15 ounce) dåse cannellini bønner
- ¼ tsk malet sort peber
- ¼ tsk kosher eller havsalt

Instruktioner:

Kog tre fjerdedele fuld af vand i en gryde. Rør grønkålen i og kog i 2 minutter. Si kålen gennem en sigte og stil den til side.

Sæt den tomme gryde tilbage på komfuret ved middel varme og tilsæt olien. Rør løget i og steg i 4 minutter under konstant omrøring. Tilsæt hvidløg og steg i 1 minut. Tilsæt oliven, kapers og knust rød peber og kog i 1 minut. Til sidst tilsættes den delvist kogte grønkål og sukker, der røres til grønkålen er helt dækket af olie. Luk gryden og kog i 8 minutter.

Tag kålen af varmen, tilsæt tun, bønner, peber og salt og server.

Ernæring (for 100g): 265 kalorier 12 g fedt 7 g kulhydrater 16 g protein 715 mg natrium

Middelhavs torskegryderet

Forberedelsestid: 10 minutter

Madlavningstid: 20 minutter

Portioner: 6

Sværhedsgrad: Medium

Ingredienser:

- 2 skeer ekstra jomfru olivenolie
- 2 kopper hakket løg
- 2 fed hvidløg, hakket
- ¾ tsk røget paprika
- 1 dåse (14,5 ounce) tomater i tern, udrænet
- 1 (12 ounce) ristet rød peber
- 1 kop skiver oliven, grønne eller sorte
- 1/3 kop tør rødvin
- ¼ tsk friskkværnet sort peber
- ¼ tsk kosher eller havsalt
- 1 ½ pund torskefileter, skåret i 1-tommers stykker
- 3 kopper skivede svampe

Instruktioner:

Kog olien i en gryde. Tilsæt løget og svits i 4 minutter under omrøring af og til. Tilsæt hvidløg og røget paprika og steg i 1 minut under konstant omrøring.

Bland tomaterne med deres saft, ristede peberfrugter, oliven, vin, peber og salt og skru op for varmen til middelhøj. Bring i kog. Tilsæt torsk og svampe og reducer varmen til medium.

Kog i cirka 10 minutter, under omrøring af og til, indtil torsken er kogt og let flager, og server.

Ernæring (for 100g): 220 kalorier 8 g fedt 3 g kulhydrater 28 g protein 583 mg natrium

Dampede muslinger i hvidvinssauce

Forberedelsestid: 5 minutter

Madlavningstid: 10 minutter

Portioner: 4

Sværhedsgrad: Hårdt

Ingredienser:

- 2 kilo små muslinger
- 1 spsk ekstra jomfru olivenolie
- 1 kop rødløg i tynde skiver
- 3 fed hvidløg, skåret i skiver
- 1 kop tør hvidvin
- 2 (¼ tomme tykke) citronskiver
- ¼ tsk friskkværnet sort peber
- ¼ tsk kosher eller havsalt
- Friske citronskiver, til servering (valgfrit)

Instruktioner:

I et stort dørslag i vasken køres koldt vand over muslingerne (men lad ikke muslingerne sidde i stillestående vand). Alle skaller skal være tæt lukkede; kasser enhver skal, der er lidt åben, eller enhver skal, der er revnet. Lad muslingerne blive i dørslaget, indtil du skal bruge dem.

I en stor stegepande koges olivenolien. Tilsæt løget og svits i 4 minutter under omrøring af og til. Tilsæt hvidløg og steg i 1 minut under konstant omrøring. Tilsæt vin, citronskiver, peber og salt og bring det i kog. Kog i 2 minutter.

Tilsæt muslingerne og læg låg på. Kog indtil muslingerne åbner deres skaller. Ryst forsigtigt panden to eller tre gange, mens de koger.

Alle skaller skulle nu være vidt åbne. Brug en hulske til at kassere muslinger, der stadig er lukkede. Læg de åbnede muslinger i en lav skål og hæld bouillon over dem. Server med yderligere friske citronbåde, hvis det ønskes.

Ernæring (for 100g): 222 kalorier 7 g fedt 1 g kulhydrater 18 g protein 708 mg natrium

Appelsin og hvidløg rejer

Forberedelsestid: 20 minutter

Madlavningstid: 10 minutter

Portioner: 6

Sværhedsgrad: Hårdt

Ingredienser:

- 1 stor appelsin
- 3 spsk ekstra jomfru olivenolie, delt
- 1 spsk hakket frisk rosmarin
- 1 spsk hakket frisk timian
- 3 fed hvidløg, hakket (ca. 1 ½ tsk)
- ¼ tsk friskkværnet sort peber
- ¼ tsk kosher eller havsalt
- 1½ pund friske rå rejer, skaller og haler fjernet

Instruktioner:

Riv hele appelsinen ved hjælp af et citrus rivejern. Bland appelsinskal og 2 spsk olivenolie med rosmarin, timian, hvidløg, peber og salt. Bland rejerne, forsegl posen og massér forsigtigt rejerne, indtil alle ingredienserne er kombineret, og rejerne er helt belagt med krydderierne. Efterlod det til side.

Opvarm en grill, stegepande eller stor stegepande over medium varme. Pensl eller hvirvl i den resterende 1 spsk olie. Tilsæt halvdelen af rejerne og kog i 4 til 6 minutter, eller indtil rejerne bliver lyserøde og hvide, vend halvvejs igennem, hvis de er på grillen, eller rør hvert minut, hvis de er på en pande. Overfør rejerne til en stor serveringsskål. Gentag og læg dem i skålen.

Mens rejerne koger, skal du skrælle appelsinen og skære frugtkødet i små stykker. Læg i serveringsskål og bland med kogte rejer. Server med det samme eller stil på køl og server koldt.

Ernæring (for 100g): 190 kalorier 8 g fedt 1 g kulhydrater 24 g protein 647 mg natrium

Ristede rejegnocchi

Forberedelsestid: 10 minutter

Madlavningstid: 20 minutter

Portioner: 4

Sværhedsgrad: Medium

Ingredienser:

- 1 kop hakket frisk tomat
- 2 skeer ekstra jomfru olivenolie
- 2 fed hvidløg, hakket
- ½ tsk friskkværnet sort peber
- ¼ tsk stødt rød peber
- 1 (12 ounce) ristet rød peber
- 1 pund friske rå rejer, skaller og haler fjernet
- 1 pund frossen gnocchi (ikke optøet)
- ½ kop fetaost i tern
- 1/3 kop revet friske basilikumblade

Instruktioner:

Forvarm ovnen til 425 ° F. Kombiner tomater, olie, hvidløg, sort peber og knust rød peber på en bageplade. Bages i ovnen i 10 minutter.

Tilsæt de ristede peberfrugter og rejer. Bages i yderligere 10 minutter, indtil rejerne er lyserøde og hvide.

Mens rejerne koger, koges gnocchierne på komfuret efter pakkens anvisninger. Drænes i et dørslag og holdes varmt. Tag fadet ud af ovnen. Bland den kogte gnocchi, fetaost og basilikum og server.

Ernæring (for 100g): 277 kalorier 7 g fedt 1 g kulhydrater 20 g protein 711 mg natrium

Krydret rejer puttanesca

Forberedelsestid: 5 minutter

Madlavningstid: 15 minutter

Portioner: 4

Sværhedsgrad: Medium

Ingredienser:

- 2 skeer ekstra jomfru olivenolie
- 3 ansjosfileter, drænet og hakket
- 3 fed hvidløg, hakket
- ½ tsk stødt rød peber
- 1 (14,5 ounce) dåse tomater i tern med lavt indhold af natrium eller uden salt, udrænet
- 1 dåse (2,25 ounce) sorte oliven
- 2 skeer kapers
- 1 spsk hakket frisk oregano
- 1 pund friske rå rejer, skaller og haler fjernet

Instruktioner:

Kog olivenolien ved middel varme. Bland ansjoser, hvidløg og knust rød peber. Kog i 3 minutter under konstant omrøring og knus ansjoserne med en træske, indtil de smelter i olien.

Bland tomaterne med deres juice, oliven, kapers og oregano. Øg varmen til medium-høj og bring i kog.

Når saucen bobler let, røres rejerne i. Vælg varme til medium og kog rejer indtil lyserøde og hvide og server.

Ernæring (for 100g): 214 kalorier 10 g fedt 2 g kulhydrater 26 g protein 591 mg natrium

Italienske tunsandwich

Forberedelsestid: 10 minutter

Madlavningstid: 0 minutter

Portioner: 4

Sværhedsgrad: Let

Ingredienser:

- 3 spsk friskpresset citronsaft
- 2 skeer ekstra jomfru olivenolie
- 1 fed hvidløg, hakket
- ½ tsk friskkværnet sort peber
- 2 (5-ounce) dåser tun, drænet
- 1 dåse (2,25 ounce) skivede oliven
- ½ kop hakket frisk fennikel, inklusive bladene
- 8 skiver ristet fuldkornsbrød

Instruktioner:

Tilsæt citronsaft, olivenolie, hvidløg og peber. Tilsæt tun, oliven og fennikel. Brug en gaffel til at skille tunen i stykker og rør for at kombinere alle ingredienserne.

Fordel tunsalaten jævnt mellem 4 skiver brød. Top hver med de resterende brødskiver. Lad sandwichene hvile i mindst 5 minutter, så det krydrede fyld kan trænge ind i brødet inden servering.

Ernæring (for 100g): 347 Kalorier 17g Fedt 5g Kulhydrater 25g Protein 447mg Natrium

Dild Laksesalatruller

Forberedelsestid: 10 minutter

Madlavningstid: 10 minutter

Portioner: 6

Sværhedsgrad: Let

Ingredienser:

- 1 pund laksefilet, kogt og i flager
- ½ kop gulerod i tern
- ½ kop selleri i tern
- 3 spsk hakket frisk dild
- 3 spsk rødløg i tern
- 2 skeer kapers
- 1½ spsk ekstra jomfru olivenolie
- 1 spsk lagret balsamicoeddike
- ½ tsk friskkværnet sort peber
- ¼ tsk kosher eller havsalt
- 4 fuldkorns pita wraps eller bløde fuldkornstortillas

Instruktioner:

Tilsæt laks, gulerod, selleri, dild, rødløg, kapers, olie, eddike, peber og salt. Fordel laksesalaten mellem fladbrødene. Fold bunden af fladbrødet, rul wrap sammen og server.

Ernæring (for 100g):336 kalorier 16 g fedt 5 g kulhydrater 32 g protein 884 mg natrium

White Clam Pizza

Forberedelsestid: 10 minutter

Madlavningstid: 20 minutter

Portioner: 4

Sværhedsgrad: Hårdt

Ingredienser:

- 1 kilo frisk nedkølet pizzadej
- Non-stick madlavningsspray
- 2 spsk ekstra jomfru olivenolie, delt
- 2 fed hvidløg, hakket (ca. 1 tsk)
- ½ tsk stødt rød peber
- 1 dåse (10 ounce) hele muslinger, drænet
- ¼ kop tør hvidvin
- All-purpose mel, til afstøvning
- 1 kop mozzarellaost i tern
- 1 spsk revet Pecorino Romano eller parmesanost
- 1 spsk hakket frisk persille (italiensk)

Instruktioner:

Forvarm ovnen til 500°F. Pensl en stor, kantet bageplade med nonstick-spray.

I en stor stegepande koges 1 ½ spsk olie. Tilsæt hvidløg og knust rød peber og steg i 1 minut under konstant omrøring for at forhindre hvidløget i at brænde på. Tilsæt den reserverede muslingejuice og vin. Bring i kog ved høj varme. Reducer varmen til medium, så saucen lige simrer, og kog i 10 minutter under omrøring af og til. Saucen vil koge og tykne.

Tilsæt muslingerne og kog i 3 minutter under omrøring af og til. Mens saucen koger, på en let meldrysset overflade, form pizzadejen til en 12-tommer cirkel eller et 10-x-12-tommer rektangel med en kagerulle eller ved at strække med hænderne. Læg dejen i den forberedte gryde. Smør dejen med den resterende ½ spsk olie. Stil til side, indtil skaldyrssaucen er klar.

Fordel muslingesaucen over den tilberedte dej til inden for ½ tomme fra kanten. Dæk med mozzarellaost og drys med Pecorino Romano.

Bages i 10 minutter. Tag pizzaen ud af ovnen og læg den på et skærebræt af træ. Top med persille, skær i otte stykker med en pizzaskærer eller skarp kniv og server.

Ernæring (for 100g): 541 Kalorier 21g Fedt 1g Kulhydrater 32g Protein 688mg Natrium

Fiskemåltid med bagte bønner

Forberedelsestid: 10 minutter

Madlavningstid: 10 minutter

Portioner: 4

Sværhedsgrad: Let

Ingredienser:

- 1 skefuld balsamicoeddike
- 2½ kopper grønne bønner
- 1 liter cherry- eller vindruetomater
- 4 (4 ounce hver) fiskefileter, såsom torsk eller tilapia
- 2 skeer olivenolie

Instruktioner:

Forvarm en ovn til 400 grader. Smør to bageplader med lidt olivenolie eller olivenoliespray. Arranger 2 fiskefileter på hver plade. I en skål, læg olie og eddike. Bland for at blande godt med hinanden.

Bland de grønne bønner og tomater. Bland for at blande godt med hinanden. Kombiner de to blandinger godt. Tilsæt blandingen jævnt over fiskefileterne. Bages i 6-8 minutter, til fisken er uigennemsigtig og let at flage. Server den varm.

Ernæring (for 100g): 229 Kalorier 13g Fedt 8g Kulhydrater 2,5g Protein 559mg Natrium

Torskegryderet med svampe

Forberedelsestid: 10 minutter

Madlavningstid: 20 minutter

Portioner: 6

Sværhedsgrad: Let

Ingredienser:

- 2 skeer ekstra jomfru olivenolie
- 2 fed hvidløg, hakket
- 1 dåse tomater
- 2 kopper hakket løg
- ¾ tsk røget paprika
- en krukke (12 ounce) ristede røde peberfrugter
- 1/3 kop tør rødvin
- ¼ tsk kosher eller havsalt
- ¼ tsk sort peber
- 1 kop sorte oliven
- 1 ½ pund torskefilet, skåret i 1-tommers stykker
- 3 kopper skivede svampe

Instruktioner:

Tag en mellemstor pande, opvarm olien over middel varme. Tilsæt løget og svits i 4 minutter. Tilsæt hvidløg og røget paprika; kog i 1 minut under konstant omrøring. Tilsæt tomater med juice, ristede peberfrugter, oliven, vin, peber og salt; rør forsigtigt. Kog blandingen. Tilsæt torsk og svampe; sænk varmen til medium. Luk og kog til torsken er nem at rive, rør ind imellem. Server den varm.

Ernæring (for 100g): 238 kalorier 7 g fedt 15 g kulhydrater 3,5 g protein 772 mg natrium

Krydret sværdfisk

Forberedelsestid: 10 minutter

Madlavningstid: 15 minutter

Portioner: 4

Sværhedsgrad: Medium

Ingredienser:

- 4 (7 ounce hver) sværdfiskbøffer
- 1/2 tsk stødt sort peber
- 12 fed hvidløg, pillede
- 3/4 tsk salt
- 1 1/2 tsk stødt spidskommen
- 1 tsk paprika
- 1 tsk koriander
- 3 skeer citronsaft
- 1/3 kop olivenolie

Instruktioner:

Tag en blender eller foodprocessor, åbn låget og tilsæt alle ingredienserne undtagen sværdfisken. Luk låget og bland for at lave en homogen blanding. Tør fiskebøfferne; overtræk jævnt med forberedt krydderiblanding.

Læg dem på alufolie, dæk til og stil dem på køl i 1 time. Forvarm en stegepande over høj varme, hæld olie i og varm op. Tilsæt fiskebøfferne; kog i 5-6 minutter på hver side, indtil de er jævnt kogte og brunede. Server den varm.

Ernæring (for 100g): 255 kalorier 12 g fedt 4 g kulhydrater 0,5 g protein 990 mg natrium

Ansjos pasta dille

Forberedelsestid: 10 minutter
Madlavningstid: 20 minutter
Portioner: 4
Sværhedsgrad: Let

Ingredienser:

- 4 ansjosfileter, pakket i olivenolie
- ½ pund broccoli, skåret i 1-tommers buketter
- 2 fed hvidløg, skåret i skiver
- 1 pund fuld hvede penne
- 2 skeer olivenolie
- ¼ kop revet parmesanost
- Salt og sort peber efter smag
- Rød peberflager efter smag

Instruktioner:

Kog pastaen som anvist på pakken; dræn og reserver. Tag en mellemstor pande eller stegepande, tilsæt olie. Varm op over middel varme. Tilsæt ansjoser, broccoli og hvidløg og kog til grøntsagerne er møre, 4-5 minutter. Tag af varmen; blandes i pasta. Serveres varm med parmesanost, rød peberflager, salt og sort peber drysset ovenpå.

Ernæring (for 100g): 328 Kalorier 8g Fedt 35g Kulhydrater 7g Protein 834mg Natrium

Rejer og hvidløgspasta

Forberedelsestid: 10 minutter

Madlavningstid: 15 minutter

Portioner: 4

Sværhedsgrad: Let

Ingredienser:

- 1 pund rejer, pillet og renset
- 3 fed hvidløg, hakket
- 1 løg, finthakket
- 1 pakke fuldkornspasta eller bønner efter eget valg
- 4 skeer olivenolie
- Salt og sort peber efter smag
- ¼ kop basilikum, skåret i strimler
- ¾ kop kyllingebouillon, lavt natriumindhold

Instruktioner:

Kog pastaen som anvist på pakken; skyl og sæt til side. Tag en mellemstor pande, tilsæt olie og opvarm over medium varme. Tilsæt løg, hvidløg og sauter, indtil det er gennemsigtigt og duftende, 3 minutter.

Tilsæt rejer, sort peber (kværnet) og salt; kog i 3 minutter, indtil rejerne er uigennemsigtige. Tilsæt bouillon og kog i yderligere 2-3 minutter. Tilføj pasta til serveringsplader; tilsæt rejeblanding ovenpå; serveres varm med basilikum på toppen.

Ernæring (for 100g): 605 kalorier 17g Fedt 53g Kulhydrater 19g Protein 723mg Natrium

Laks i vinaigrette

Forberedelsestid: 10 minutter

Madlavningstid: 5 minutter

Portioner: 4

Sværhedsgrad: Let

Ingredienser:

- 4 (8-ounce) laksefileter
- 1/2 kop balsamicoeddike
- 1 skefuld honning
- Sort peber og salt efter smag
- 1 skefuld olivenolie

Instruktioner:

Tilsæt honning og eddike. Bland for at blande godt med hinanden.

Krydr fiskefileterne med sort peber (kværnet) og havsalt; pensl med honningglasur. Tag en mellemstor pande eller stegepande, tilsæt olie. Varm op over middel varme. Tilsæt laksefileterne og steg indtil medium-sjælden i midten og let brunet, 3-4 minutter på hver side. Server den varm.

Ernæring (for 100g): 481 Kalorier 16g Fedt 24g Kulhydrater 1,5g Protein 673mg Natrium

Orange fiskemåltid

Forberedelsestid: 10 minutter

Madlavningstid: 5 minutter

Portioner: 4

Sværhedsgrad: Let

Ingredienser:

- ¼ tsk kosher eller havsalt
- 1 spsk ekstra jomfru olivenolie
- 1 skefuld appelsinjuice
- 4 (4-ounce) tilapiafileter, med eller uden skind
- ¼ kop hakket rødløg
- 1 avocado, udstenet, flået og skåret i skiver

Instruktioner:

Tag en 9-tommers bageplade; tilsæt olivenolie, appelsinjuice og salt. Kombiner godt. Tilsæt fiskefileterne og dæk godt til. Læg løgene over fiskefileterne. Dæk med plastfolie. Mikroovn i 3 minutter, indtil fisken er gennemstegt og let at skille ad. Serveres varm med skåret avocado på toppen.

Ernæring (for 100g): 231 kalorier 9 g fedt 8 g kulhydrater 2,5 g protein 536 mg protein

Rejer Zoodles

Forberedelsestid: 10 minutter
Madlavningstid: 5 minutter
Portioner: 2
Sværhedsgrad: Let

Ingredienser:

- 2 skeer hakket persille
- 2 tsk hakket hvidløg
- 1 tsk salt
- ½ tsk sort peber
- 2 mellemstore zucchini, spiraliseret
- 3/4 pund mellemstore rejer, pillede og rensede
- 1 skefuld olivenolie
- 1 citron, saftet og skal

Instruktioner:

Tag en mellemstor gryde eller stegepande, tilsæt olie, citronsaft, citronskal. Varm op over middel varme. Tilsæt rejerne og steg 1 minut på hver side. Svits hvidløg og rød peberflager i 1 minut mere. Tilsæt Zoodles og rør forsigtigt; kog i 3 minutter, indtil den er gennemstegt. Krydr godt, server varm med persille på toppen.

Ernæring (for 100g): 329 Kalorier 12g Fedt 11g Kulhydrater 3g Protein 734mg Natrium

Asparges Ørred måltid

Forberedelsestid: 10 minutter

Madlavningstid: 20 minutter

Portioner: 4

Sværhedsgrad: Let

Ingredienser:

- 2 kilo ørredfileter
- 1 kilo asparges
- Salt og kværnet hvid peber efter smag
- 1 skefuld olivenolie
- 1 fed hvidløg, finthakket
- 1 purløg i tynde skiver (grønne og hvide dele)
- 4 mellemstore gyldne kartofler, skåret i tynde skiver
- 2 romatomater, hakkede
- 8 udstenede kalamata-oliven, hakket
- 1 stor gulerod, skåret i tynde skiver
- 2 skeer tørret persille
- ¼ kop malet spidskommen
- 2 skeer paprika
- 1 spsk grøntsagsbouillonkrydderi
- ½ kop tør hvidvin

Instruktioner:

I en skål tilsættes fiskefileterne, hvid peber og salt. Bland for at blande godt med hinanden. Tag en mellemstor pande eller stegepande, tilsæt olie. Varm op over middel varme. Tilsæt asparges, kartofler, hvidløg, purløg og kog indtil de er møre, 4-5 minutter. Tilsæt tomater, gulerødder og oliven; kog i 6-7 minutter, indtil de er møre. Tilsæt spidskommen, paprika, persille, bouillonkrydderi og salt. Rør blandingen godt rundt.

Tilsæt hvidvin og fiskefileter. Ved lav varme, dæk til og kog blandingen i cirka 6 minutter, indtil fisken er let at flage, rør halvvejs igennem. Serveres varm med grønne løg på toppen.

Ernæring (for 100g):303 Kalorier 17g Fedt 37g Kulhydrater 6g Protein 722mg Natrium

Grønkål tun oliven

Forberedelsestid: 10 minutter
Madlavningstid: 15 minutter
Portioner: 6
Sværhedsgrad: Medium

Ingredienser:

- 1 kop hakket løg
- 3 fed hvidløg, hakket
- 1 dåse (2,25 ounce) skivede oliven, drænet
- 1 pund grønkål, hakket
- 3 spsk ekstra jomfru olivenolie
- ¼ kop kapers
- ¼ tsk stødt rød peber
- 2 skeer sukker
- 1 (15 ounce) dåse cannellini bønner
- 2 (6-ounce) dåser tun i olivenolie, udrænet
- ¼ tsk sort peber
- ¼ tsk kosher eller havsalt

Instruktioner:

Dyp kålen i kogende vand i 2 minutter; dræn og reserver. Tag en mellemstor pande eller bouillon, varm olien op ved middel varme. Tilsæt løget og sauter indtil det er gennemsigtigt og blødt. Tilsæt hvidløg og kog indtil dufter, 1 minut.

Tilsæt oliven, kapers og rød peber og kog i 1 minut. Bland den kogte kål og sukker. Ved lav varme, dæk til og kog blandingen i cirka 8-10 minutter, rør ind imellem. Tilsæt tun, bønner, peber og salt. Rør godt rundt og server varm.

Ernæring (for 100g): 242 Kalorier 11g Fedt 24g Kulhydrater 7g Protein 682mg Natrium

Krydrede rejer med rosmarin

Forberedelsestid: 10 minutter

Madlavningstid: 10 minutter

Portioner: 6

Sværhedsgrad: Let

Ingredienser:

- 1 stor appelsin, revet og skrællet
- 3 fed hvidløg, hakket
- 1 ½ pund rå rejer, skaller og haler fjernet
- 3 skeer olivenolie
- 1 skefuld hakket timian
- 1 skefuld hakket rosmarin
- ¼ tsk sort peber
- ¼ tsk kosher eller havsalt

Instruktioner:

Tag en plastik lynlåspose, tilsæt appelsinskal, rejer, 2 spsk olivenolie, hvidløg, timian, rosmarin, salt og sort peber. Ryst godt og lad marinere i 5 minutter.

Tag en mellemstor pande eller stegepande, tilsæt 1 spsk olivenolie. Varm op over middel varme. Tilsæt rejerne og steg i 2-3 minutter på hver side, indtil de er helt lyserøde og uigennemsigtige. Skær appelsinen i små skiver og kom den på en tallerken. Tilsæt rejerne og bland godt. Server frisk.

Ernæring (for 100g): 187 kalorier 7 g fedt 6 g kulhydrater 0,5 g protein 673 mg natrium

Lakse asparges

Forberedelsestid: 10 minutter

Madlavningstid: 15 minutter

Portioner: 2

Sværhedsgrad: Let

Ingredienser:

- 8,8 ounce asparges
- 2 små laksefileter
- 1½ tsk salt
- 1 tsk sort peber
- 1 skefuld olivenolie
- 1 kop hollandaisesauce, low carb

Instruktioner:

Krydr laksefileterne godt. Tag en mellemstor pande eller stegepande, tilsæt olie. Varm op over middel varme.

Tilsæt laksefileterne og steg, indtil de er jævnt brune og gennemstegte, 4-5 minutter på hver side. Tilsæt asparges og rør rundt og kog i yderligere 4-5 minutter. Serveres varm med hollandaisesauce på toppen.

Ernæring (for 100g): 565 kalorier 7 g fedt 8 g kulhydrater 2,5 g protein 559 mg natrium

Tun salat

Forberedelsestid: 10 minutter

Madlavningstid: 0 minutter

Portioner: 4

Sværhedsgrad: Let

Ingredienser:

- 1 spsk hakket estragon
- 1 stilk selleri, trimmet og hakket fint
- 1 mellemstor skalotteløg i tern
- 3 skeer hakket purløg
- 1 dåse tun (overtrukket med olivenolie), drænet og flaget
- 1 tsk dijonsennep
- 2-3 skeer mayonnaise
- 1/4 tsk salt
- 1/8 tsk peber
- 1/4 kop pinjekerner, ristede

Instruktioner:

Tilsæt tun, skalotteløg, purløg, estragon og selleri i en stor salatskål. Bland for at blande godt med hinanden. Tilsæt mayonnaise, sennep, salt og sort peber i en skål. Bland for at blande godt med hinanden. Tilføj mayonnaiseblanding til salatskål; rør godt sammen. Tilsæt pinjekernerne og bland igen. Server frisk.

Ernæring (for 100g): 236 kalorier 14 g fedt 4 g kulhydrater 1 g protein 593 mg natrium

Cremet rejesuppe

Forberedelsestid: 10 minutter

Madlavningstid: 35 minutter

Portioner: 6

Sværhedsgrad: Medium

Ingredienser:

- 1 pund mellemstore rejer, pillet og renset
- 1 porre, hvide og lysegrønne dele, skåret i skiver
- 1 mellemstor fennikelløg, hakket
- 2 skeer olivenolie
- 3 selleristængler, hakket
- 1 fed hvidløg, hakket
- Havsalt og sort peber efter smag
- 4 kopper grøntsags- eller hønsebouillon
- 1 spsk fennikelfrø
- 2 skeer let fløde
- 1 citronsaft

Instruktioner:

Tag en mellemstor gryde eller hollandsk ovn, opvarm olien over medium varme. Tilsæt selleri, porre og fennikel og kog i cirka 15 minutter, til grøntsagerne er bløde og gyldne. Tilsæt hvidløg; smag til med sort peber og havsalt. Tilsæt fennikelfrø og rør rundt.

Hæld bouillon i og bring det i kog. Kog blandingen ved lav varme i cirka 20 minutter, mens du rører ind imellem. Tilsæt rejer og kog indtil lyserøde, 3 minutter. Bland fløden og citronsaften; server den varm.

Ernæring (for 100g): 174 kalorier 5 g fedt 9,5 g kulhydrater 2 g protein 539 mg natrium

Laks krydret med grøntsagsquinoa

Forberedelsestid: 30 minutter

Madlavningstid: 10 minutter

Portioner: 4

Sværhedsgrad: Hårdt

Ingredienser:

- 1 kop rå quinoa
- 1 tsk salt, delt i to
- ¾ kop agurker, frø fjernet, hakket
- 1 kop cherrytomater, skåret i halve
- ¼ kop rødløg, hakket
- 4 friske basilikumblade, skåret i tynde skiver
- Skal af en citron
- ¼ tsk sort peber
- 1 tsk spidskommen
- ½ tsk paprika
- 4 (5 ounce) laksefileter
- 8 citronskiver
- ¼ kop frisk persille, hakket

Instruktioner:

Tilsæt quinoa, 2 kopper vand og ½ teskefuld salt i en mellemstor gryde. Varm dem op, indtil vandet koger, og sænk derefter temperaturen, indtil det koger. Dæk gryden til, og lad det stege i 20 minutter eller så længe, som quinoa-emballagen angiver. Sluk for blusset under quinoaen og lad den hvile, tildækket, i mindst yderligere 5 minutter før servering.

Lige inden servering tilsættes løg, tomater, agurker, basilikumblade og citronskal til quinoaen og brug en ske til forsigtigt at blande det hele sammen. Tilbered laksen imens (mens quinoaen koger). Drej ovnen til høj, og sørg for, at der er en rist nederst i ovnen. Tilsæt følgende komponenter i en lille skål: sort peber, ½ tsk salt, spidskommen og paprika. Bland dem sammen.

Læg folie over toppen af et glas- eller aluminiumsfad, og spray derefter med nonstick-spray. Læg laksefileterne på alufolien. Gnid krydderiblandingen over hver filet (ca. ½ teskefuld af krydderiblandingen pr. filet). Tilføj citronskiverne i kanterne af gryden nær laksen.

Kog laksen under grillen i 8-10 minutter. Dit mål er, at laksen let flager med en gaffel. Drys laksen med persillen og server den med citronskiverne og grøntsagspersille. Sætter pris på!

Ernæring (for 100g): 385 kalorier 12,5 g fedt 32,5 g kulhydrater 35,5 g protein 679 mg natrium

Sennepsørred med æbler

Forberedelsestid: 15 minutter

Madlavningstid: 55 minutter

Portioner: 2

Sværhedsgrad: Hårdt

Ingredienser:

- 1 spsk olivenolie
- 1 lille skalotteløg, hakket
- 2 æbler, skåret i halve
- 4 ørredfileter, 3 ounce hver
- 1 1/2 spsk brødkrummer, almindeligt og fint
- 1/2 tsk timian, frisk og hakket
- 1/2 spsk smeltet, usaltet smør
- 1/2 kop æblecider
- 1 tsk lys brun farin
- 1/2 spsk dijonsennep
- 1/2 spsk kapers, vasket
- Havsalt og sort peber efter smag

Instruktioner:

Forbered ovnen til 375 grader, og tag derefter en lille skål. Kombiner dine brødkrummer, skalotteløg og timian, før du krydrer med salt og peber.

Tilsæt smørret, og bland godt.

Læg æblerne med snitsiden opad på en bageplade og drys med sukker. Top med brødkrummer, og hæld derefter halvdelen af din cider rundt om æblerne og dækker fadet. Bages i en halv time.

Afdæk og bag i yderligere tyve minutter. Æblerne skal være bløde, men krummerne skal være sprøde. Tag æblerne ud af ovnen.

Tænd for slagtekyllingen, og placer derefter stativet fire tommer fra hinanden. Klap din ørred ned og krydr derefter med salt og peber. Pensl olien på en bageplade og læg ørreden med skindsiden opad. Pensl den resterende olie over skindet og grill i seks minutter. Gentag æblerne på hylden lige under ørreden. Dette forhindrer krummerne i at brænde på og bør kun tage to minutter at varme.

Tag en pande og bland den resterende cider, kapers og sennep. Tilføj mere cider, hvis det er nødvendigt for at tynde og kog i fem minutter på medium-høj. Den skal have en saucelignende konsistens. Hæld saften over fisken og server med et æble på hver tallerken.

Ernæring (for 100g): 366 kalorier 13 g fedt 10 g kulhydrater 31 g protein 559 mg natrium

Gnocchi med rejer

Forberedelsestid: 5 minutter

Madlavningstid: 15 minutter

Portioner: 4

Sværhedsgrad: Hårdt

Ingredienser:

- 1/2 pund rejer, pillet og udvundet
- 1/4 kop skalotteløg, skåret i skiver
- 1/2 spsk + 1 tsk olivenolie
- 8 ounces holdbare gnocchi
- 1/2 bundt asparges, skåret i tre
- 3 spsk parmesanost
- 1 spsk citronsaft, frisk
- 1/3 kop hønsebouillon
- Havsalt og sort peber efter smag

Instruktioner:

Start med at varme en halv spiseskefuld olie op over middel varme og tilsæt gnocchi. Kog under konstant omrøring indtil de er bløde og gyldne. Dette vil tage syv til ti minutter. Læg dem i en skål.

Varm den resterende teskefuld olie op med skalotteløgene, kog indtil de begynder at blive brune. Sørg for at røre rundt, men det tager to minutter. Bland bouillonen, inden du tilsætter aspargesene. Dæk til og kog i tre til fire minutter.

Tilsæt rejerne, krydr med salt og peber. Kog til de er lyserøde og gennemstegte, hvilket vil tage cirka fire minutter.

Kom gnocchien tilbage i gryden med citronsaft, og kog i yderligere to minutter. Rør godt og tag derefter af varmen.

Drys med parmesan og lad hvile i to minutter. Din ost skal smelte. Server den varm.

Ernæring (for 100g): 342 kalorier 11g fedt 9g kulhydrater 38g protein 711mg natrium

Rejer saganaki

Forberedelsestid: 15 minutter

Madlavningstid: 30 minutter

Portioner: 2

Sværhedsgrad: Medium

Ingredienser:

- 1/2 pund shell-on rejer
- 1 lille løg, hakket
- 1/2 kop hvidvin
- 1 spsk frisk, hakket persille
- 8 ounce tomater, dåse og skåret i tern
- 3 spiseskefulde olivenolie
- 4 ounces fetaost
- Salt i tern
- Black Pepper Dash
- 14 teskefulde hvidløgspulver

Instruktioner:

Tag en gryde og hæld omkring to centimeter vand i, og bring det i kog. Kog i fem minutter og dræn derefter, men behold væsken. Læg rejer og væske ved siden af.

Varm derefter to spiseskefulde olie op, og tilsæt løgene, når de er opvarmet. Kog indtil løgene er gennemsigtige. Bland persille, hvidløg, vin, olivenolie og tomater. Kog i en halv time og rør til det er tyknet.

Fjern rejebenene, fjern skaller, hoved og hale. Tilsæt rejer og rejebouillon til saucen, når den tykner. Lad det koge i fem minutter, og tilsæt derefter fetaosten. Lad den hvile til osten begynder at smelte og server varm.

Ernæring (for 100g): 329 kalorier 14 g fedt 10 g kulhydrater 31 g protein 449 mg natrium

Middelhavslaks

Forberedelsestid: 10 minutter

Madlavningstid: 20 minutter

Portioner: 2

Sværhedsgrad: Let

Ingredienser:

- 2 laksefileter, uden skind og 6 ounce hver
- 1 kop cherrytomater
- 1 spsk kapers
- 1/4 kop zucchini, finthakket
- 1/8 tsk sort peber
- 1/8 tsk havsalt, fint
- 1/2 spsk olivenolie
- 1,25 ounce modne oliven, skåret i skiver

Instruktioner:

Forbered ovnen til 425 grader, og drys derefter salt og peber over fisken på begge sider. Læg fisken i et enkelt lag på din bageplade, efter du har overtrukket din bradepande med madlavningsspray.

Kombiner tomaterne og de resterende ingredienser, fordel blandingen over fileterne og bag i 22 minutter. Server den varm.

Ernæring (for 100g): 322 kalorier 10 g fedt 15 g kulhydrater 31 g protein 493 mg natrium

www.ingramcontent.com/pod-product-compliance
Lightning Source LLC
Chambersburg PA
CBHW071855110526
44591CB00011B/1417